Knaur

Von Robert Rau sind außerdem erschienen:

Copperfield & Co.

Über den Autor:

Robert Rau, 1961 in Wegscheid bei Passau geboren, ist Diplombio-
loge und arbeitet als Disponent in der Pharmaindustrie. Die freien
Stunden, die ihm seine Arbeit und seine dreiköpfige Familie lassen,
widmet er seiner großen Leidenschaft, dem Fakirtum und der Zauberei.

Robert Rau

Houdini,
Moretti & Co.

Die besten Tricks
der großen Sensationsdarsteller

Knaur

Wichtiger Warnhinweis!

Achtung Verletzungsgefahr! Zahlreiche der in diesem Buch beschriebenen Tricks
beinhalten den Umgang mit gefährlichen Gegenständen und Materialien:
spitze Nadeln, scharfe Messer und Rasierklingen, Feuer etc.

Gefährliche Tricks im Buch haben wir mit einem Warnhinweis versehen:

Überall, wo dieses Zeichen steht, sind besondere Vorsichtsmaßnahmen notwendig.
Nur unter fachlicher Anleitung eines erfahrenen Zauberkünstlers kann das Risiko eines
Unfalls oder die Verletzungsgefahr reduziert werden. **Ein Restrisiko bleibt aber immer.**
Aus diesem Grund schließen Autor und Verlag jede Haftung aus.

Besuchen Sie uns im Internet:
www.droemer-knaur.de

Originalausgabe Oktober 1999
Copyright © 1999 bei Droemersche Verlagsanstalt Th. Knaur Nachf., München
Alle Rechte vorbehalten. Das Werk darf – auch teilweise – nur mit
Genehmigung des Verlags wiedergegeben werden.
Redaktion: Ralph Thoms
Umschlaggestaltung: Agentur Zero, München
Umschlag: Tony Stone/Ian Shaw, München
Satz: Setzerei Vornehm, München
Druck und Bindung: Clausen & Bosse, Leck
Printed in Germany
ISBN 3-426-77429-1

5 4 3 2 1

Inhalt

Vorwort

Sensationsdarsteller und Fakire – sie zählen eigentlich zu den Zauberkünstlern, obwohl man sich fragen könnte, was eine Entfesselung aus einer Zwangsjacke oder eine durchbohrte Zunge mit Zauberei zu tun haben. Diese Künstler arbeiten – wie jeder andere Zauberer auch – mit raffinierten, ausgeklügelten Tricks. Nur kommt hier zur Faszination Zauberei noch ein gewisser Nervenkitzel hinzu. Die Vorführungen der Sensationsdarsteller leben von Spannung, Action und Risiko.

Wenn ein in Stahlketten gelegter Artist bei seinem Befreiungsversuch nur knapp dem Tod entkommt, ist dies einer der Momente, die unseren Puls schneller schlagen lassen und Illusionskunst zur atemberaubenden Sensationsnummer machen.

Mit dieser Form magischer Kunst sind zwei weltbekannte Namen verbunden.

Harry Houdini, der König der Ausbrecher, ist Ihnen sicherlich ein Begriff – wie auch der spannende Spielfilm mit Toni Curtis, der das Leben dieses Entfesselungskünstlers zum Inhalt hat. Harry Houdini wurde als Erich Weiss 1874 in Budapest geboren. Seine Karriere als Profikünstler begann er mit 17 Jahren in den USA. Er starb im Jahre 1926. Houdini war der Mann, der sich aus jeder Fessel befreien konnte, und sei es splitternackt. Ob aus einer Gefängniszelle, einer vernagelten Kiste, die im

Hafenbecken von New York versenkt wurde, oder aus seiner weltberühmt gewordenen Chinesischen Wasserfolterzelle, in die er sich kopfüber und an Armen und Beinen gefesselt hängen ließ.

Nicht alles, was über ihn berichtet wird, ist wahr. Vieles wurde von übereifrigen Journalisten hinzugedichtet. Trotzdem, Harry Houdini bleibt unvergessen und mit Sicherheit einer der größten Entfesselungskünstler.

Hans Moretti, ein kahlköpfiger Schnauzbart, fasziniert heute noch mit atemberaubenden Shows sein Publikum. Mit verbundenen Augen, eine Armbrust auf der Schulter, zielt er nach hinten auf seine Assistentin und trifft eine von ihr über dem Kopf gehaltene Zielscheibe direkt ins Schwarze, oder er hängt sich – in Ketten gefesselt – an ein brennendes Seil, das von einem Helikopter in schwindelerregende Höhen gezogen wird.

In diesem Buch erfahren Sie alles über spektakuläre Darbietungen wie z.B. verblüffende Entfesselungstricks, beeindruckende Fakirvorführungen und gefährliche Feuermanipulationen. Darüber hinaus erhalten Sie einen detaillierten Einblick in pyrotechnische Spezialeffekte, wie sie oft in Zaubershows verwendet werden.

Dieses Buch wurde für ein interessiertes Publikum geschrieben, das schon immer hinter die Kulissen der großen Sensationsdarsteller blicken wollte.

Ich wünsche Ihnen spannende Unterhaltung.

Robert Rau im Sommer 1999

1 Fakire

Für uns abendländisch geprägte Menschen ist es kaum vorstellbar, durch jahrelange Askese, Meditation und Körperübungen jeglichen Schmerz ausschalten und absolute Kontrolle über den Körper erlangen zu können. Dies aber wird von den indischen Yogis behauptet, und ihre eindrucksvollen Vorführungen scheinen es zu belegen. Wir alle kennen die Bilder von hageren, dunkelhäutigen Männern mit verklärten Blicken, die sich Metallspieße durch die Backe treiben oder stundenlang auf Nagelbrettern liegen. Diese Menschen gehören einem anderen Kulturkreis an, und es ist Teil ihrer Religion, während des irdischen Daseins Körper und Geist zu klären, um nach vielen Wiedergeburten für das Nirwana bereit zu sein. Die gezeigten Torturen sind nicht vorgetäuscht, es sind keine Tricks. Auch wissenschaftliche Untersuchungen haben gezeigt, daß sich der Schmerz mit bestimmten Methoden (Autosuggestion, Hypnose, Biofeedback) fast vollständig ausschalten läßt – die indischen Yogis führen das immer wieder auf beeindruckende Weise vor. Fakire nun sind, wie das Lexikon uns sagt, »indische Gaukler, die Zauberkunststücke und Experimente der Körperbeherrschung vorführen«. Mit diesen Gauklern wollen wir uns in diesem Kapitel hauptsächlich beschäftigen, werden aber auch die spektakulären Kunststücke echter Yogis genauer unter die Lupe nehmen, die sich (absichtlich oder unbewußt) elementare Prinzipen der Physik zunutze machen.

Fakirdarbietungen sind längst nicht mehr auf Indien beschränkt und werden auch von Europäern in Zaubershows zur Unterhaltung vorgeführt. Zum Teil wird auch hier nichts vorgetäuscht, wie wir sehen werden, meistens jedoch handelt es sich um ganz raffinierte Tricks.

Die durchbohrte Backe

Präsentation

Der Fakir zeigt einen langen Metallspieß vor und bohrt diesen von außen durch eine Backe. Der Vorführende hat dabei den Mund geöffnet, und wir können deutlich sehen, wie der Spieß auf der Innenseite der Mundhöhle zum Vorschein kommt. Immer weiter drückt und schiebt der Fakir das Metall und durchsticht so auch noch die andere Wange, diesmal von innen nach außen. Der Spieß hat nun beide Backen durchwandert, und der Vorführende tritt so ganz nahe ans Publikum, um jeden davon zu überzeugen, daß es sich nicht um einen Trick handelt. Einige Damen können den Anblick nicht ertragen und wenden sich ab; auch mancher Mann runzelt skeptisch die Stirn. Anschließend wird der Spieß wieder vorsichtig herausgezogen. Das Publikum belohnt die Leistung des Fakirs mit einem riesigen Applaus.

Erklärung

Im Gegensatz zur Version mit der durchbohrten Zunge ist diese Präsentation kein Zaubertrick. Es wird nichts vorgetäuscht. Der Fakir durchbohrt wirklich seine Backe (Abb. 1). Es gibt im Bereich der Haut Zonen, die unterschiedlich schmerzempfindlich sind. Der Fakir kennt diese Stellen, sucht, wo es am wenigsten schmerzt, und sticht dort zu.

Die Schmerzrezeptoren liegen nur in der Hautoberfläche. Im Muskel darunter gibt es kein Schmerzempfinden.

Es ist allerdings nicht jedermanns Sache, sich selbst die Backe oder andere Körperteile zu durchbohren. Zumal es eine Art natürlicher Hemmschwelle gibt, die den Menschen davor bewahrt, sich selber Schaden zuzufügen. So fällt es den meisten schon schwer, sich eine einfache intramuskuläre Injektion zu setzen. Aber das kann man lernen. Manche Menschen sind sogar gezwungen, das zu lernen, z. B. Diabetiker. Und inzwischen begegnet man einer Menge Leute, die sich die unmöglichsten Körperstellen mit Piercings verzieren haben lassen. Auch hier wird gestochen, jedoch mit einer speziellen Kanüle, die nicht mehr Schmerzen bereitet als eine Impfung. Außerdem sticht man nicht selbst, sondern wird gestochen.

Der Metallspieß eines Fakirs ist aber dicker als eine Spritzenkanüle und vor allem nicht so scharf und spitz. Das aus einem wichtigen Grund. Wenn Sie sich die Backe mit einer scharfen Kanüle durchstechen, verletzen Sie dabei Blutgefäße: Die Wunde blutet. Ist die Spitze des Spießes stumpfer, wird kaum Blut zu sehen sein, weil die Gefäße beim Durchbohren zur Seite gedrängt werden.

Wird der Backenstich häufiger durchgeführt, bleiben auf Dauer deutlich sichtbare, unschöne Narben zurück. Jeder muß für sich selbst entscheiden, ob ihm der Erfolg beim Publikum das wert ist.

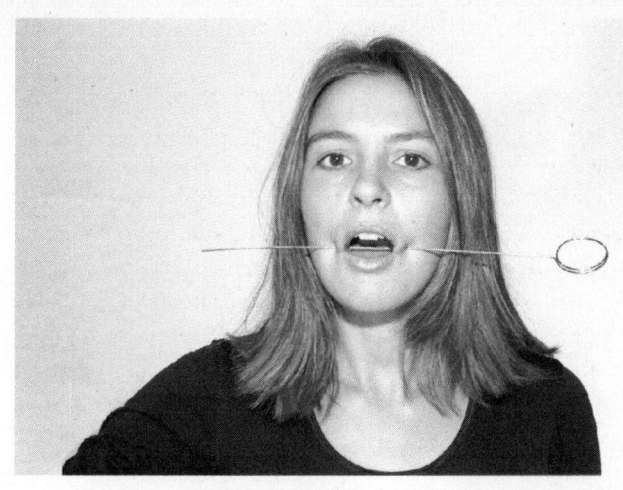

Abb. 1   Die durchbohrte Backe

Die durchbohrte Zunge

Präsentation
Der Fakir nimmt einen Metallspieß ähnlich wie bei der durchbohrten Backe zur Hand, streckt seine Zunge weit heraus und beginnt, den Spieß von oben durchzustechen. Deutlich können wir sehen, wie der Dorn unten wieder herauskommt. Die Zunge ist durchbohrt.

⚠ *Erklärung*
Während man sich beim echten Backenstich tatsächlich einen Spieß durch die Wangen treibt, sollten Sie das nicht mit Ihrer Zunge tun. Es besteht die Gefahr, sich dabei das Zungenbändchen zu verletzen. Außerdem würde Ihre Zunge nach einer solchen Verletzung stark anschwellen, unter Umständen für mehrere Tage. Da es während einer Vorführung so gut wie unmöglich ist, steril zu arbeiten, könnte es zusätzlich zu einer schweren Entzündung kommen. Es gibt jedoch drei Methoden, diese Probleme zu umgehen und dem Publikum die Nummer gefahrlos vorzuführen.
Methode 1. Wenn Sie beabsichtigen, sich im Rahmen einer Fakirvorführung wirklich die Zunge zu durchstechen, dann lassen Sie sich ein paar Wochen vorher von einem Fachmann oder Arzt ein Zungenpiercing setzen (Abb. 1). Dieses vorgestanzte Loch können Sie nach Verheilen der Wunde völlig schmerzlos

für den Zungenstich benützen (Abb. 2). Achten Sie aber darauf, Ihr Piercing regelmäßig zu tragen, da das Loch in der Zunge sonst sehr rasch wieder zuwächst. Und Sie müssen vermeiden, Ihr Piercing der Öffentlichkeit zu präsentieren, damit Ihr Publikum nicht hinter diese Täuschung kommt.

Methode 2. Sie verwenden einen präparierten Metallspieß. Ungefähr in der Mitte wurde in den Draht eine Ausbuchtung gebogen (Abb. 3). Wenn Sie hier Ihre Zunge durchstecken, sieht es so aus, als wäre sie wirklich durchbohrt (Abb. 4). Sie müssen allerdings die Lippen leicht zusammenpressen, um den Übergang von Metall zur Zunge zu bedecken, damit die Täuschung nicht auffällt. Auch beim Halten des Spießes müssen Sie aufpassen und die präparierte Stelle geschickt in der Hand verbergen (Abb. 5 und 6). Den Spieß können Sie sich selbst bauen. Besorgen Sie sich einen Schweißdraht aus VA-Stahl mit ca. 1–2 mm Durchmesser, und biegen Sie ihn mit einer Kombizange zurecht.

Die dritte Methode werden Sie im nächsten Trick kennenlernen, wo Sie auch erfahren, wie Sie sich selbst die Zunge abschneiden und anschließend wieder ansetzen können – ohne dabei Schaden zu nehmen.

Abb. 1   Lassen Sie sich von einem Fachmann ein Zungenpiercing setzen...

Abb. 2   ... und Sie können das vorgebohrte Loch für die Präsentation des Zungenstichs verwenden (Methode 1).

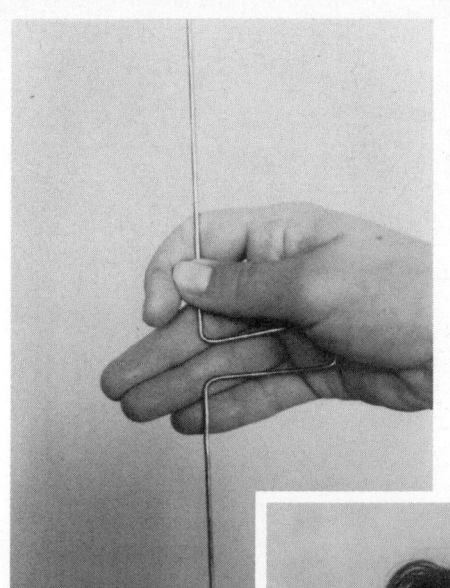

*Abb. 3
In die Mitte des Drahtes
wurde eine Ausbuchtung
für die Zunge gebogen.
Wenn Sie hier Ihre
Zunge durchstecken...*

*Abb. 4
...dann sieht es so aus,
als wäre die Zunge
durchbohrt. Halten Sie
dabei die Lippen fest
geschlossen (Methode 2).*

19

Abb. 5
Halten Sie die präpa-
rierte Stelle in Ihrer
Hand verborgen...

Abb. 6
...so daß beim angeb-
lichen Durchstechen der
Zunge die Täuschung
nicht zu erkennen ist.

Die abgeschnittene Zunge

Präsentation

Ein Marktplatz in Indien. Eine Handvoll kahlköpfiger Männer in leuchtend orangen, langen Kutten tanzt im Kreis ekstatisch zu wilden Trommelrhythmen. In der Mitte des Kreises kniet ein Mann mit geschlossenen Augen und wiegt seinen Körper hin und her, als wäre er in Trance. Vor sich auf dem Boden liegt ein kleines grünes Tuch, und darauf sind ein Wasserkrug, ein Messer und ein Metallspieß zu sehen.

Die Trommelschläge werden lauter. Der Mann öffnet plötzlich die Augen. Sein starrer Blick fokussiert einen Punkt in weiter Ferne. Er greift nach dem Metallspieß, streckt seine Zunge heraus, hält sie mit den Fingern fest und bohrt den Spieß langsam hindurch. Immer noch folgt sein Körper den rhythmischen Schlägen. Dann greift er den Spieß am unteren Ende, nimmt mit der anderen Hand das Messer, und unter wilden Zuckungen schneidet er sich seine Zungenspitze ab.

Es tritt kaum Blut aus, und das Stück Zunge am Spieß wird sogar im Publikum herumgereicht. Dann entfernt der Vorführende den Metallspieß aus der abgetrennten Zungenspitze, setzt sie wieder an die vorgesehene Stelle, spült mit etwas »geweihtem« Wasser aus dem Steinkrug nach und zeigt dann seine Zunge unversehrt vor. Kein Blut, keine Narbe. Ein medizinisches Wunder?

⚠️ *Erklärung*

Diese Show ist nur etwas für starke Nerven, denn es sieht so unglaublich echt aus: ein raffinierter Trick.

Allerdings dürfen Sie sich nicht davor ekeln, ein Stück rohe Schweinezunge in den Mund zu nehmen. Besorgen Sie sich diese am besten frisch von Ihrem Metzger oder vom Schlachthof. Die Zungenhaut muß unversehrt sein – oft ist sie beschädigt oder wird vor dem Verkauf abgezogen. Sie können auch einen Bauern oder Metzger, der noch selbst Hausschlachtungen durchführt, bitten, Ihnen eine frische Zunge zu reservieren. Wir benötigen nur die ersten ca. 7 cm der Zunge (Abb. 1). Der Rest ist Abfall oder Hundefutter, Sie können aber auch Kesselfleisch daraus zubereiten.

Waschen Sie das Stück Fleisch gründlich. Wenn Sie den Trick erst später vorführen wollen, können Sie die Zunge auch einfrieren. Frisches Material sieht aber im Farbton echter aus. Schneiden Sie das benötigte Zungenstück in entsprechender Länge ab, waschen es noch mal kurz und tupfen es mit einem Tuch oder Küchenpapier trocken. Das Stück Zunge halten Sie unauffällig mit dem Daumen in einer Hand versteckt (Abb. 2), und zwar in der, mit der Sie auch nachher beim Durchstechen die Zunge festhalten. Wenn Sie nun vorgeben, nach Ihrer Zunge zu greifen, können Sie unter Sichtschutz durch die vorgehaltene Hand unauffällig die Ersatzzunge in den Mund nehmen (Abb. 3). Halten Sie die Schweinezunge mit den Zähnen fest, und pressen Sie Ihre Lippen aufeinander. Mit derselben Hand, mit der Sie die Tierzunge in den Mund geschoben haben, gleiten Sie in Richtung Zungenspitze und halten diese gut fest. Es wird absolut echt aussehen, und Sie können jetzt den Metallspieß durch die Ersatzzunge hindurchstechen (Abb. 4).

Verwenden Sie entweder metallene Schaschlikspieße oder besorgen sich im Baumarkt Schweißdraht aus VA-Stahl, Durchmesser ca. 2 mm. So können Sie die für Sie optimale Länge des

Spießes selbst bestimmen. Schärfen Sie das eine Ende an einer Steinschleifscheibe. Die Spitze sollte sehr fein sein, damit sich Ihr Zungendouble leicht durchbohren läßt. Sie können während des Durchstechens den Spieß auch leicht hin und her drehen. Damit der Metalldorn schöner aussieht, drehen Sie das andere Ende des Schweißdrahtes um einen Besenstiel und zwicken den Überstand ab, so daß ein sauberer Ring entsteht.

Präsentieren Sie die Zunge nun von allen Seiten und zeigen so Ihrem Publikum, daß sie wirklich durchstochen ist (Abb. 5 und 6). Nun greifen Sie das untere Ende des Metallspießes mit der einen Hand, nehmen mit der anderen ein Messer und schneiden die Zungenspitze knapp hinter dem Spieß ab (Abb. 7). Auch das Messer sollte sehr scharf sein. Aber **achten Sie genauestens** darauf, möglichst nahe am Spieß zu schneiden, damit Sie sich nicht versehentlich Ihre Lippen verletzen.

Den Vorgang des Abtrennens der Zunge müssen Sie Ihrem Publikum natürlich gut verkaufen, damit es die Zuschauer auch wirklich erschaudern läßt. Das erreichen Sie z. B. mit weit aufgerissenen Augen, unkontrollierten Zuckungen Ihres Körpers und einer richtig gruseligen Begleitmusik. Der Stummel in Ihrem Mund wird ganz leicht bluten, und es sieht ziemlich echt aus (Abb. 8). Sie können auch das abgeschnittene Stück Zunge am Spieß im Publikum herumreichen (Abb. 9), das aber wohl freiwillig darauf verzichten wird. Es kann bei dieser Vorführung durchaus passieren, daß eine Dame oder auch ein Herr aus dem Publikum bei dem Anblick umkippt bzw. sich übergeben muß. Das ist aber kein Grund für Sie, die Vorführung abzubrechen. Behalten Sie die Nerven, und lassen Sie sich nicht ablenken. Es sind mit Sicherheit genug Menschen unter den Zuschauern, die sich um diese Person kümmern werden.

Nun gilt es, das abgeschnittene Teil wieder anzusetzen (Abb. 10) und dann die beiden Stücke der Schweinezunge loszuwerden. Dabei hilft uns der Steinkrug mit »heiligem« Wasser.

Verschiedene Möglichkeiten bieten sich an, die Fleischstücke unbemerkt in den Krug fallen zu lassen. Wenn Sie beim »Anheften« der Zungenspitze diese in den Mund geschoben haben, tun Sie einfach so, als würden Sie aus dem Krug trinken, und lassen dabei beide Zungenteile in den Krug gleiten (Abb. 11). Wenn Sie das abgeschnittene Stück weiter in Ihrer Hand verstecken oder palmieren, wie die Zauberer sagen, dann greifen Sie in den Krug, um Wasser zu schöpfen, mit dem Sie Ihre Zunge benetzen. Dabei lassen Sie beim ersten Mal das palmierte Stück in den Krug, fallen und nehmen beim erneuten Anfeuchten der Zunge das Stück aus dem Mund, um es beim nächsten Schöpfvorgang ebenfalls in den Krug zu werfen (Abb. 12). Bei der letzten Variante müssen Sie aber sehr schnelle Bewegungen ausführen, damit Ihr Publikum die Täuschung nicht bemerkt. Zeigen Sie zum Schluß Ihre eigene Zunge vor, und die Zuschauer werden an ein Wunder glauben.

Überlegen Sie sich gut, zu welchen Anlässen bzw. vor welchem Publikum Sie diese Nummer vorführen wollen. Dieser Trick hat meines Erachtens nichts im Programm für einen Kindergeburtstag zu suchen. Auch in einem Seniorenheim bei Kaffee und Kuchen ist dieses Kunststück wohl fehl am Platz. Denken Sie daran: Sie sind der Künstler, und es obliegt Ihrer Verantwortung, was Sie Ihrem Publikum zumuten.

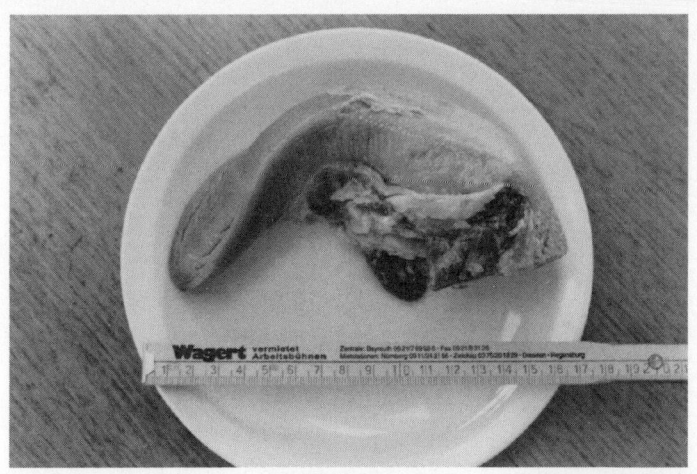

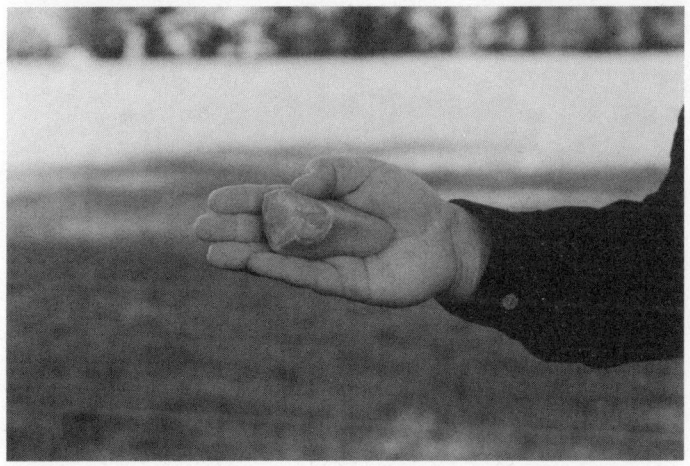

Abb. 1   Die komplette Schweinezunge – wir benötigen davon nur die vorderen 7 cm.

Abb. 2   Halten Sie die Zunge mit Ihrem Daumen fest, und verbergen Sie sie in Ihrer Hand.

Abb. 3   Unter dem Sichtschutz durch die Handfläche können Sie die Zunge in den Mund führen.

Abb. 4   Dann beginnen Sie, den Metallspieß hindurchzubohren.

Abb. 5   Zeigen Sie Ihrem Publikum die Zunge von allen Seiten,...

Abb. 6   ...damit die Zuschauer gut erkennen können, daß sie wirklich durchbohrt ist.

27

Abb. 7   Greifen Sie ein scharfes Messer, und schneiden Sie die Zungenspitze knapp hinter dem Spieß ab.

Abb. 8   Es sieht absolut realistisch aus, zumal der Stummel leicht blutet.

Abb. 9   Sie können auch das Stück Zunge am Spieß im Publikum herumreichen.

Abb. 10   Entfernen Sie die Zungenspitze vom Metalldorn, und tun Sie so, als würden Sie sie wieder ansetzen.

29

Abb. 11   Geben Sie vor, aus dem Steinkrug zu trinken, und lassen Sie dabei unauffällig die Schweinezunge hineinfallen.

Abb. 12   Sie können auch so tun, als würden Sie die Zunge mit Wasser benetzen, und lassen beim Schöpfen aus dem Krug die Fleischteile hineingleiten.

30

Der Nagel in der Nase

Präsentation

Der Magier wendet sich an seine Zuschauer: *»Ich brauche einen Herrn, der sich mit Werkzeug auskennt. Sind denn irgendwelche Bastler oder Heimwerker im Publikum?«* Es melden sich mehrere Männer, und der Zauberkünstler bittet einen davon zu sich.

Er begrüßt ihn mit einem freundlichen *»Hallo«* und fragt: *»Sie sind also versierter Hobbyheimwerker? Was bauen Sie denn so?«* Der Herr aus dem Publikum antwortet: *»Eigentlich alles. Regale, Schränke, Tische.«*

»Sehr schön!« lobt der Magier und fährt fort: *»Untersuchen Sie bitte diesen Nagel, und prüfen Sie, ob er echt ist.«* Dabei zieht er einen ca. 12 cm langen Nagel aus der Hosentasche und drückt ihn dem Hobbybastler in die Hand.

Der Mann dreht und wendet das metallene Stück und nickt zustimmend: *»Der ist echt!«*

»Läßt er sich zusammenschieben?« fragt der Zauberer. Der Herr aus dem Publikum drückt und schiebt. *»Nein, der ist fest!«* bestätigt der Mann.

»Geben Sie her, das ist meiner!« schimpft der Magier wie ein trotziges Kind und reißt seinem Publikumsassistenten mit schmollender Miene den Nagel aus der Hand. Die Zuschauer sind amüsiert, und der Zauberer flüstert lächelnd zu dem Herrn: *»War nur ein Scherz!«*

»Aber jetzt wird's ernst!« ruft der Künstler. Er nimmt einen Hammer von einem kleinen Tisch und erklärt: *»Leute mit schwachen Nerven sollten jetzt besser wegsehen!«*

Der Magier setzt den Nagel an sein Nasenloch (Abb. 1) und schiebt ihn ein paar Zentimeter hinein (Abb. 2). Dann klopft er sich den Stift Stück für Stück mit dem Hammer vollständig in die Nase (Abb. 3).

Er dreht sich zur Seite, ergreift mit Zeigefinger und Daumen den Nagelkopf und zieht den Metallstift ganz langsam wieder heraus (Abb. 4).

»Hier! Dürfen Sie mitnehmen! Den schenke ich Ihnen!« scherzt der Magier und hält seinem »Assistenten« den Nagel hin. Der Herr aus dem Publikum winkt freundlich ab und wird auf seinen Platz entlassen, während die Zuschauer begeistert applaudieren. Der Magier nimmt Nagel und Hammer, und zum Beweis der Echtheit schlägt er den Stift in eine massive Holzplatte.

⚠ Erklärung

Eine dramatische Vorführung, und es gibt immer wieder Leute, die diesen Anblick nicht ertragen können und sich abwenden, wenn der Nagel in die Nase geschlagen wird.

Ein starker Effekt, den jeder vorführen kann, der sich nur traut und weiß, wie er es machen muß. Sonst: Verletzungsgefahr! Die Nase ist über den Nasengang mit dem Rachenraum verbunden, und das machen wir uns zunutze (Abb. 5). Der Nagel kann so weit in diesen Gang geschoben werden, bis er schließlich über dem Gaumensegel (wo sich das Zäpfchen befindet) an der hinteren Rachenwand anstößt.

Wenn Sie dieses Kunststück zum ersten Mal versuchen, nehmen Sie einen kleinen Nagel (ca. 8 cm), dessen Spitze Sie sorgfältig abgerundet haben und der glatt und frei von Scharten ist. Sie könnten auch ein Wattestäbchen verwenden, doch das reizt die Nasenschleimhäute mehr als ein glatter Nagel aus Metall. Wärmen Sie den Nagel in Ihrer Hand, und benetzen Sie ihn mit etwas Olivenöl.

Sie müssen erst einmal herausfinden, wo sich der richtige Gang befindet, in den Sie den Nagel schieben müssen.

Halten Sie Ihren Kopf gerade, und führen Sie den Nagel waagrecht, langsam und vorsichtig ein. Passen Sie auf! Schieben Sie den Stift nicht nach oben. Das geht zwar auch, aber nicht so weit. Sie landen dann nämlich in der Kieferhöhle hinter dem Auge. Außerdem findet der Nagel da drinnen keinen Halt. Wenn Sie ihn loslassen, rutscht er wieder heraus. Also genau waagrecht einführen.

Wenn es Ihnen zu unangenehm ist, hören Sie lieber auf. Jeder Mensch ist unterschiedlich sensibel, und wenn dieses Kunststück nichts für Sie ist, dann lassen Sie es besser bleiben. Erzwingen Sie nichts.

Es kann durchaus sein, daß Ihnen anfangs der ungewohnte, mechanische Reiz auf der Nasenschleimhaut die Tränen in die Augen treibt. Das gibt sich aber nach mehrmaligem Üben.

Selbstverständlich führen Sie dieses Kunststück auf keinen Fall vor, wenn Sie erkältet sind und einen Schnupfen haben. Bei Schnupfen sind die Nasenschleimhäute entzündet und geschwollen, und Sie könnten sich übel verletzen. Also Pause, bis die Nase wieder frei ist.

Abb. 1   Der Magier setzt den Nagel am Nasenloch an...

Abb. 2   ...und schiebt ihn ein paar Zentimeter hinein.

34

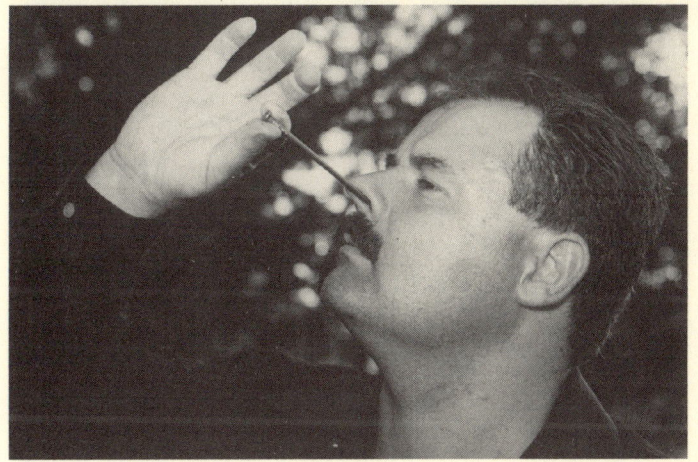

Abb. 3   Mit einem Hammer wird der Nagel komplett in die Nase geschlagen...

Abb. 4   ...und dann langsam wieder herausgezogen.

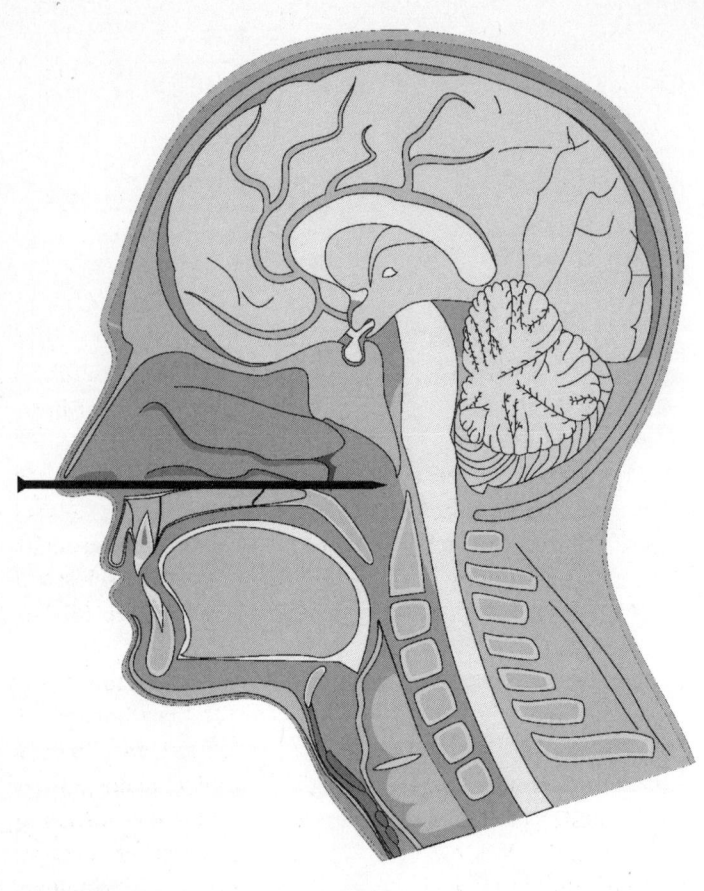

*Abb. 5   Die Nase ist über den Nasengang mit dem Rachenraum ver-
bunden. Der Nagel kann so weit in diesen Gang geschoben werden, bis
er schließlich über dem Gaumensegel (dort, wo sich das Zäpfchen
befindet) an der hinteren Rachenwand anstößt.*

Das Nagelbrett

Präsentation

Der Fakir bittet ein Dame aus dem Publikum zu sich. Während die Frau nach vorne kommt, zieht der Künstler sein Hemd aus und reicht es seinem Assistenten. Er begrüßt die Frau und führt sie zu einem auf dem Boden liegenden Nagelbrett. Er gibt ihr zu verstehen, sich draufzulegen; sie aber winkt erschreckt ab, schüttelt den Kopf. Das Publikum lacht, und auch der Magier grinst. Schließlich setzt er sich selbst auf die Nägel und legt sich langsam mit seinem nackten Rücken darauf (Abb. 1).

Auf sein Zeichen hin bringt der Assistent ein Holzbrett und legt es auf den Oberkörper des Fakirs. Der Helfer nimmt dann die Dame bei der Hand und bittet sie, sich auf das Brett zu stellen. Zögernd und ganz vorsichtig betritt die Frau das wackelige »Podest«, das der Künstler mit seinen Händen ausbalanciert (Abb. 2). Wie die Füllung eines Sandwiches liegt er zwischen Holz und Nägeln und verharrt so einige Sekunden. Der Assistent hilft der Dame wieder herunter und reicht dann dem Fakir die Hand, um ihm beim Aufstehen zu helfen. Dieser zeigt seinen Rücken, und wir können deutlich die Druckstellen sehen, die die Nägel hinterlassen haben.

Er bedankt sich bei der Frau und entläßt sie auf ihren Platz.

⚠️ *Erklärung*

Führen wir ein kleines physikalisches Experiment durch. Ein Brettchen mit einem hervorstehenden Nagel ist vorbereitet. Ca. 40 cm darüber hängt ein Apfel an einem Zwirnsfaden (Abb. 3). Wir schneiden den Faden durch, und der Apfel fällt auf den Nagel (Abb. 4) und wird fast vollkommen von diesem durchbohrt.

Tauschen wir nun den einzelnen Nagel gegen ein Holzbrett mit neun Nägeln (Abb. 5) und wiederholen das Experiment. In Abbildung 6 sehen Sie, daß die neun Nägel kaum mehr in den Apfel eindringen.

Je mehr Nägel wir verwenden, desto weniger weit dringen sie in den Apfel ein. Genauso verhält es sich mit dem Nagelbrett. Wenn wir uns auf nur einen senkrecht stehenden Nagel legen würden, würde sich dieser mit Leichtigkeit in unseren Rücken bohren. Auf einem Nagelbrett stehen die Nägel aber so dicht, daß man keine Verletzung erleidet. Allerdings ist es eine große körperliche und willentliche Leistung, den Druckschmerz auszuhalten.

Deshalb erkennen Sie einen wirklich guten Fakir am Abstand der Nägel seines Bretts und an der Qualität der Nagelspitzen. Was heißt das? Nun, je geringer die Nageldichte auf dem Brett, d. h., je weiter die Nägel auseinanderstehen, um so mehr Bewunderung verdient der Künstler, denn um so größer sind die Schmerzen, die er ertragen muß. Werden darüber hinaus noch spitze Nägel verwendet, handelt es sich um einen echten Könner. Manche Fakire demonstrieren die Gefährlichkeit der Nagelspitzen, indem sie einen Luftballon auf das Nagelbrett drücken und ihn so zum Platzen bringen. Doch auch hier gibt es wieder einen Trick, um uns in die Irre zu führen. Die für den Ballon gedachten Nägel sind wirklich spitz, befinden sich aber nur im äußeren Bereich des Brettes und nicht dort, wo der Fakir später liegen wird. Alle anderen Nägel wurden »entschärft«. Dazu genügt ein leichter Hammerschlag direkt auf die Spitze.

Wenn Sie sich ein Nagelbrett selber bauen wollen, besorgen Sie sich im Baumarkt eine 2 – 3 cm starke, mehrfach querverleimte Sperrholzplatte, die Sie sich auf das gewünschte Maß zuschneiden lassen, z. B. 60 × 90 cm. Zusätzlich brauchen Sie eine zweite Platte in derselben Größe, jedoch nur ca. 1 cm stark. Diese zweite Holztafel werden wir später unter das fertige Nagelbrett schrauben, damit die Nägelköpfe nicht den Bühnenboden zerkratzen. Zeichnen Sie die Liegefläche (z. B. 50 × 60 cm) auf, und unterteilen Sie sie in ein entsprechendes Raster. Für den Anfang wählen Sie Abstände von ca. 1 cm.

Bevor Sie die Nägel einschlagen, sind die Löcher vorzubohren. Es ist absolut wichtig, daß die Nägel gleichmäßig und senkrecht aus der Platte herausstehen. So ist gewährleistet, daß die Nagelspitzen später in einer Ebene sind.

Die Stärke des Holzbohrers sollte etwas kleiner als der Durchmesser der verwendeten Nägel sein. Achten Sie darauf, genau senkrecht zu bohren, damit die Nägel später nicht schief stehen. Am besten benutzen Sie einen Bohrständer als Führungshilfe. Wenden Sie sich an eine Schreinerei, denn Bohrständer für Hobbybastler haben nicht die nötige Arbeitstiefe, um Ihre Holzplatte beim Löcherbohren überall zu erreichen.

Angenommen Ihre Liegefläche hat die Maße 50 × 60 cm. Bei einem Nagelabstand von 1 cm müssen Sie 3000 Löcher bohren. Für mein Nagelbrett habe ich Drahtstifte von 10 cm Länge verwendet. Die haben einen Durchmesser von 3,8 mm, und die Löcher im Brett wurden mit einem 3,2-mm-Holzbohrer auf einer automatischen Fräse gefertigt. Das hat den Vorteil, daß die Abstände wirklich millimetergenau sitzen (Abb. 7) und die Nagelspitzen später relativ gleichmäßig verteilt sind (Abb. 8).

Drahtstifte sind nie hundertprozentig identisch, auch nicht gerade. Wenn unter 3000 eingeschlagenen Nägeln eine Handvoll schief sitzt, ist das nicht weiter schlimm.

Je nachdem, wie genau Sie gebohrt oder gehämmert haben,

wird es einige hervorstehende Nägel geben, die ganz schön in den Rücken pieken können. Hier hilft eine Flex mit einer geeigneten Schleifscheibe, um Ihr »Bett« zurechtzumachen.

Das kleine Experiment mit den Äpfeln hat uns das physikalische Prinzip eines Nagelbrettes gezeigt. Jetzt setzen wir das mal mathematisch um:

In unserem Brett stecken 3000 Nägel, die wir aber nicht alle mit unserem Rücken bedecken. Also gehen wir von ca. 2000 aus, auf denen wir liegen werden. Bei einem Körpergewicht von 80 kg kommt somit auf jede Nagelspitze eine Last von nur 40 Gramm! Das ist problemlos auszuhalten.

Um auf das Nagelbrett zum Liegen zu kommen, setzen Sie sich zunächst darauf und rollen sich langsam auf den Rücken ab. Sie müssen selbst herausfinden, auf welche Stelle Sie sich setzen müssen. Ihr Kopf sollte in Liegeposition nicht auf den Nägeln, sondern auf einem Kissen oder einem Holzblock ruhen (Abb. 1).

Es gibt die verschiedensten Möglichkeiten, das Nagelbrett in die Vorstellung einzubauen. Die einfachste Methode besteht darin, sich mit dem Rücken auf das Brett zu legen. Das ist jedoch noch keine besondere Glanzleistung (bei 40 Gramm pro Nagel). Sensationeller wird es, wenn Sie sich zusätzliches Gewicht auf den Bauch legen lassen. Zum Beispiel einen schweren Metallblock, der von mehreren starken Männern getragen werden muß. Oder aber Sie legen sich ein Holzbrett auf den Bauch und lassen einen oder mehrere Zuschauer daraufsteigen (Abb. 2).

Oder Sie lassen sich ein zweites Nagelbrett auf den Bauch legen, und auf dieses stellen sich Leute drauf.

Die Krönung ist die Kombination von »Liegen auf dem Nagelbrett« und zusätzlichen Betonplatten, die auf dem Körper des Fakirs zerschlagen werden (hierzu später mehr).

Probieren Sie aus, was Ihnen am besten zusagt, und vor allem, wo Ihre persönliche Schmerzgrenze liegt.

Abb. 1
Der Fakir auf dem
Nagelbrett.

Abb. 2
Durch die Assistentin
auf seinem Bauch
erhöht sich auch der
Druck auf die Nagel-
spitzen.

41

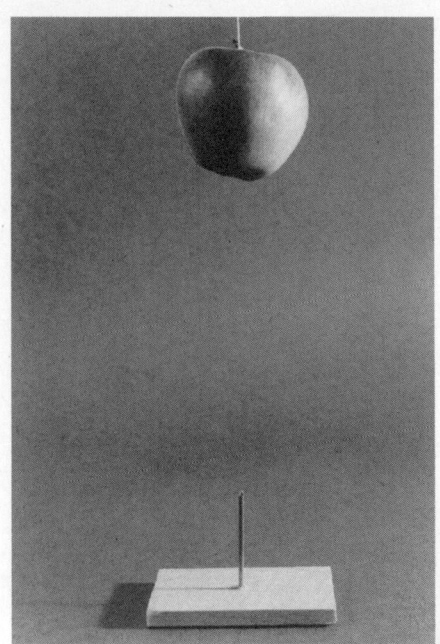

Abb. 3
Wenn wir einen Apfel
über ein Brettchen mit
einem herausragenden
Nagel hängen und den
Apfel dann fallen
lassen...

Abb. 4
...wird sich der Nagel
komplett in die Frucht
bohren.

Abb. 5
Wiederholen wir das
kleine Experiment mit
neun Nägeln...

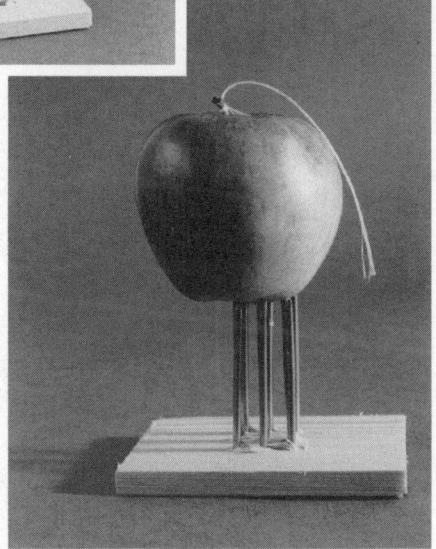

Abb. 6
...dann verteilt sich das
Gewicht des Apfels, und
die Nagelspitzen dringen
kaum in die Frucht ein.

43

Abb. 7   Beim Bau eines Nagelbrettes kommt es darauf an, die Löcher für die Nägel möglichst exakt vorzubohren.

Abb. 8   So ist gewährleistet, daß die Nägel möglichst gleichmäßig aus dem Brett hervorstehen.

Über Glasscherben laufen

Präsentation

Der Fakir und seine Assistentin lassen das Publikum zwei Eimer voll mit Glasscherben begutachten. Ein paar neugierige Zuschauer wollen es genau wissen und greifen in die Kübel, um die Glasstücke zu untersuchen. Alles ist einwandfrei, das Glas echt – die Vorführung kann beginnen.

Die Eimer werden auf einer schwarzen Ledermatte entleert (Abb. 1), und der Fakir verteilt den Glasscherbenhaufen mit einem kleinen Hammer. Damit auch die letzten Zweifler zufriedengestellt sind, zerschlägt der Künstler zusätzlich drei Glasflaschen über dem Scherbenhaufen. Um zu vermeiden, daß sich dabei Glassplitter ins Publikum verirren, bedeckt er die Flaschen jeweils mit einem Stofftuch (Abb. 2). Anschließend stellt er sich ans Ende der Matte. Er schließt kurz die Augen, atmet konzentriert durch (Abb. 3). Dann ein beherzter Schritt, und der Fakir steht barfuß inmitten der Glasscherben (Abb. 4 und 5). Die Musikuntermalung wird leiser, der Akteur beginnt langsam über die Scherben zu schreiten. Deutlich hören wir die brechenden Glasstücke unter seinen Fußsohlen knirschen, und so mancher Zuschauer wendet sich fröstelnd ab. Plötzlich springt der Fakir hoch, landet aber wieder sicher auf seinen Füßen inmitten der Scherben.

Seine Assistentin reicht ihm einen kleinen Handbesen. Damit säubert der Fakir seine Füße von anhaftenden Splittern, bevor er dem Publikum seine unverletzten Fußsohlen präsentiert.

⚠️ *Erklärung*

Erinnern Sie sich? Die physikalischen Grundlagen des Glasscherbenlaufens haben wir bereits bei der Vorführung mit dem Nagelbrett kennengelernt. Genauso verhält es sich mit den Glasscherben. Wenn wir barfuß auf eine einzige Scherbe treten, schneiden wir uns die Fußsohle auf. Wenn wir aber auf Hunderte von Scherben steigen, geschieht nichts dergleichen.

Außerdem liegen die meisten Glasscherben flach auf dem Boden. Würden sie mit ihren gefährlichen scharfen Kanten und Ecken nach oben zeigen, wäre die Verletzungsgefahr viel größer.

Die Show mit den Glasscherben ist jedoch **gefährlicher** als das Kunststück mit dem Nagelbrett, ich habe mich selbst schon dabei in die Fußsohlen geschnitten. Eine dicke Hornhaut ist natürlich von Vorteil, aber kein Muß. Die Fußsohlen sollten aber möglichst trocken sein, damit keine Scherben haftenbleiben.

Den Glasbruch fabrizieren Sie selbst. Ich persönlich bevorzuge gefärbtes Glas, das nicht zu dick ist, damit die Scherben beim Darüberlaufen ordentlich krachen und knirschen. Die braune Farbe des Glases läßt den Arzt bei einer Verletzung eventuell eingedrungene Glassplitter leichter finden (das ist kein Scherz). In braunen Flaschen wird z. B. Orangensaft verkauft.

Entfernen Sie die Etiketten. Das geht am besten mit heißem Wasser. Waschen Sie das Leergut sauber aus, und trocknen Sie die Flaschen in einem Backofen etwa eine Stunde bei ca. 180 °C. Zerschlagen Sie das Glas mit einem Hammer über einer Matte. Damit keine Scherben herumfliegen, bedecken Sie die Flaschen dabei mit einem Tuch. Zu große Bruchstücke zerkleinern Sie. Den Flaschenhals werfen Sie weg. Bei den Flaschenböden müssen Sie aufpassen. Oft bleiben lange Spitzen stehen, die Sie auch zerschlagen müssen.

Um einen großen Scherbenhaufen zu bekommen, müssen Sie mindestens zehn Flaschen opfern. Da Sie ja bei jeder Vorführung zusätzlich einige Glasflaschen kaputthauen, wird die Menge der Scherben mit der Zeit anwachsen. Das ist auch gut so, denn durch mehrmaligen Gebrauch werden die älteren Scherben immer kleiner, und am Grunde des Eimers sammelt sich sogar Glaspulver von abgewetzten Ecken und Kanten. Lassen Sie beim Ausschütten die feinen Reste im Kübel, und werfen Sie sie in den Glasabfall.

Wenn Sie das Glasscherbenlaufen zum ersten Mal versuchen, dann stützen Sie sich auf einen Assistenten und tasten mit den Füßen nach den Scherben. Verstärken Sie nach und nach den Druck, bis Sie schließlich frei auf dem Glasbruch stehen.

Gehen Sie jetzt ganz vorsichtig ein paar Schritte, und konzentrieren Sie sich dabei auf Ihre Fußsohlen. Wenn es piekt, dann versuchen Sie die hervorstehende Scherbe in eine flache Position zu bringen, indem Sie noch mal leicht seitlich auftreten. Wenn das nicht hilft, steigen Sie einfach auf eine andere Stelle.

Später, wenn Sie sicherer geworden sind, können Sie Ihre Darbietung erweitern, indem Sie z. B. kurz in die Höhe hüpfen, um wieder im Glashaufen zu landen. Oder Sie nehmen eine Person huckepack und laufen mit diesem Zusatzgewicht über die Scherben. Sehr beliebt und oft zu sehen ist auch ein kleines Podest mit Stufen aus Schwertern. Der Künstler steigt über die Klingen auf das Podest und springt dann in die Scherben. Achten Sie aber darauf, bei der Landung den Aufprall gut abzufedern, indem Sie leicht in die Knie gehen. Die Höhe des Podestes richtet sich nach Ihrem Vertrauen zu sich selbst.

Eine abschließende Anmerkung zu den Schwertklingen: Die wurden selbstverständlich vorher entschärft.

Abb. 1
Der Fakir kippt einen
Eimer voll Glasscherben
auf eine Ledermatte.

Abb. 2
Zusätzlich werden
noch ganze Flaschen
zerschlagen.

48

Abb. 3
Voller Konzentration
verharrt der Fakir vor
dem Glashaufen.

Abb. 4
Ein beherzter Schritt,
und er steht mitten in
den Scherben.

Abb. 5   Die brechenden Scherben krachen und knirschen bei jedem Schritt.

50

Rasierklingen essen

Präsentation

Der Fakir zeigt eine Packung Rasierklingen, der er eine Klinge entnimmt, und zum Beweis dafür, wie scharf sie ist, durchtrennt er damit ein Stück Papier. Die Rasierklinge legt er dann auf ein Tablett und gibt auch den Rest der Packung dazu.

Eine der Klingen legt er nun auf seine leicht herausgestreckte Zunge (Abb. 1), nimmt sie in den Mund und kaut kräftig darauf herum. Nach einer deutlichen Schluckbewegung öffnet er seinen Mund und zeigt, daß er leer ist. Dann spült er mit einem kräftigen Schluck Wasser nach. Dieser Vorgang wiederholt sich einige Male. Nach jedem Schluckvorgang wird der leere Mund vorgezeigt, und der Künstler trinkt danach einen Schluck Wasser. Nachdem die letzte Klinge gegessen wurde, leert er das Glas komplett.

Von der großen Garnrolle, die vor ihm auf dem Tisch steht, wikkelt er etwas Faden ab und trennt ihn mit Hilfe seiner Zähne von der Rolle. Er knüllt das Stück Garn zu einem Bällchen, steckt es in den Mund und schluckt es hinunter. Das Ende des Fadens hängt noch über seine Lippen. Der Künstler nimmt es zwischen die Fingerspitzen, neigt seinen Kopf etwas nach hinten, öffnet den Mund und zieht am Faden. Stück für Stück holt er aus seinem Mund die zuvor geschluckten Rasierklingen hervor, fein säuberlich ans Garn geknotet (Abb. 2).

⚠ *Erklärung*

Es soll viele Leute geben, die gerne scharf essen, doch das hier würde wohl den meisten nicht bekommen. Die Schärfe einer Chilisauce läßt nur die Augen feucht werden, eine solche Rasierklingen-Mahlzeit ließe uns aber sicher auf dem Operationstisch des nächsten Krankenhauses landen, stünde nicht ein raffinierter Trick dahinter.

Um diesen Trick vorzuführen, benötigt man (Abb. 3):

- eine präparierte Garnrolle,
- Zwirnsfaden,
- ein Gimmik (Hilfsmittel),
- zwölf Rasierklingen (die klassischen, keine Tandemklingen);

zusätzlich:

- einen undurchsichtigen Becher mit Wasser
- und etwas schauspielerisches Talent.

Damit sich der Vorgang des »Essens« nicht zu lange hinzieht und die Zuschauer langweilt, genügt es durchaus, nur sechs Klingen zu »schlucken«. Von den benötigten zwölf Rasierklingen werden wir sechs vorbereiten, um sie später am Faden aus dem Mund zu ziehen, die anderen sechs werden »gegessen«.

Zuallererst entschärfen wir alle Rasierklingen: Jede Schneide muß **mehrmals, bis sie ganz stumpf ist,** über einen feinen Wetzstein gezogen werden (Abb. 4). Vergessen Sie dabei nicht, daß jede Rasierklinge zwei Schneiden hat, und seien Sie vorsichtig dabei. Um Verletzungen zu vermeiden, halten Sie die Klingen am besten mit einer Kombizange fest.

Weiter geht's mit dem Gimmik und seiner Vorbereitung. Dieses Teil besteht aus einem Brettchen, genau so lang und breit wie eine Rasierklinge, und zwei senkrecht herausstehenden Zapfen. Der Abstand der beiden Zapfen ist so bemessen, daß diese in die entsprechenden Aussparungen der Rasierklingen passen (Abb. 5). Sechs der Rasierklingen müssen wir nun jeweils im Abstand von ca. 6 cm mit dem Faden verknoten (Abb. 6). Dann legen wir die erste Klinge auf das Brettchen (Abb. 7), schlingen den Faden einmal um die Zapfen und verfahren genauso mit jeder folgenden Klinge. Zum Schluß wickeln wir den Zwirn einmal der Länge nach um das Klingenpäckchen (Abb. 8).

Die präparierte Garnrolle müssen Sie sich entweder selbst bauen oder bauen lassen. Das Geheimnis ist eine rechteckige Öffnung auf einer Seite (Abb. 9), in der unser Gimmik mit dem Klingenpaket verschwinden kann. Ich habe mir Gimmik und Garnrolle in einer Kunststoffwerkstatt bauen lassen. Sie können natürlich auch Holz als Werkstoff wählen und einen Schreiner damit beauftragen (Abb. 10).

Ziehen Sie nun an dem herausstehenden Fadenende der präparierten Rolle, gleitet das Gimmick heraus (Abb. 11).

Wenn bei der Vorführung die Zuschauer keinen Blick von oben auf Ihre Garnrolle haben, können Sie die Rolle, wie sie jetzt ist, verwenden. Ansonsten müssen Sie die Öffnung verdecken. Dazu lösen Sie mit heißem Wasser ein rundes Etikett einer echten Garnrolle ab. Um es zu trocknen und zu glätten, legen Sie es zwischen zwei Blätter Schreibmaschinenpapier und gehen einige Male mit einem heißen Bügeleisen darüber. Fixieren Sie das Etikett nur punktuell über der Öffnung der Garnrolle. So sieht die Rolle unverfänglich aus, und Sie können dennoch das Gimmik in Ihren Mund gleiten lassen, weil das Etikett aufklappt und anschließend wieder die Ausgangslage einnimmt.

Die Vorführung besteht im Grunde aus zwei Teilen. Zunächst werden die Klingen »gegessen« (Abb. 1) und ein Stück Zwirn »hinterhergeschluckt«, dann werden die Rasierklingen am Faden aus dem Mund gezogen (Abb. 2). Dazwischen erfolgt unbemerkt der Austausch der losen Klingen gegen diejenigen am Zwirnsfaden.

Legen Sie die erste Klinge auf Ihre Zunge. Nehmen Sie sie dann in den Mund, und simulieren Sie kräftige Kaubewegungen. Diesen Vorgang nutzen Sie, um die Klinge mit der Zunge in eine

Backentasche zu befördern, genau zwischen Innenseite der Backe und den Zähnen (Abb. 12). Sie können nun den Mund wieder öffnen und die Zunge herausstrecken. Der Mund erscheint aus der Sicht der Zuschauer leer, von der Klinge ist nichts zu sehen. Trinken Sie einen Schluck Wasser hinterher, um die Zuschauer an den Wasserbecher zu gewöhnen. Sie werden nämlich nacheinander alle zu »verspeisenden« Klingen erst in Ihrer Backentasche sammeln und ganz zum Schluß – genau dann, wenn Sie den Becher bis auf den letzten Tropfen leeren – das ganze Klingenpaket in das Trinkgefäß gleiten lassen.

Jetzt haben Sie den Mund frei, und Sie müssen das Gimmik aufnehmen. Tun Sie so, als würden Sie etwas Garn von der Spule abwickeln, und geben Sie vor, den Zwirn abzubeißen. Hier benötigen Sie das anfangs erwähnte schauspielerische Talent. Achten Sie dabei auf Feinheiten, um echt zu wirken. Zum Beispiel gibt es einen kleinen Ruck beim Durchreißen eines Fadens mit den Zähnen. Das Publikum muß Ihnen das abnehmen, aber übertreiben Sie die Bewegungen nicht. Üben Sie vor dem Spiegel, oder lassen Sie sich auf Video filmen. So wird Ihr Publikum nicht merken, daß Sie in Wirklichkeit weder Faden abgewickelt noch durchgebissen haben. Auch deshalb ist es wichtig, dunkles Garn zu verwenden. Dunkelgrau ist in Ordnung, nehmen Sie aber auf keinen Fall weißen Zwirn.

Bringen Sie also die Garnrolle zum Abbeißen des Zwirns an den Mund, und ziehen Sie an dem Fadenstück, das aus der geheimen Öffnung hervorschaut. Dabei gleitet das Klingenpäckchen in Ihren Mund (Abb. 13). Sie können das Gimmick jetzt in eine der Backentaschen schieben oder einfach auf der Zunge liegen lassen. Probieren Sie aus, was Ihnen am besten liegt. Stellen Sie die Garnrolle wieder ab (am besten mit der Öffnung nach unten), und tun Sie so, als würden Sie den angeblich abgerissenen Faden zwischen Ihren Fingern zu einer Kugel drehen. Geben Sie vor, das Fadenbällchen zu schlucken, und schließen

Sie mit einer Handbewegung, die andeutet, daß das Fadenende über Ihrer Unterlippe hängengeblieben ist.

Neigen Sie nun Ihren Kopf nach hinten, und beginnen Sie, Klinge für Klinge aus dem Mund zu ziehen. Stellen Sie sich dabei am besten seitlich zu Ihrem Publikum, damit das Gimmick in Ihrem geöffneten Mund nicht zu sehen ist. Dieses lassen Sie am Schluß der Vorführung unauffällig verschwinden.

Abb. 1
Jeweils eine Rasier-
klinge wird auf die
Zunge gelegt.

Abb. 2
Klinge für Klinge zieht
der Künstler aus seinem
Mund hervor, fein säu-
berlich an den Zwirn
geknotet.

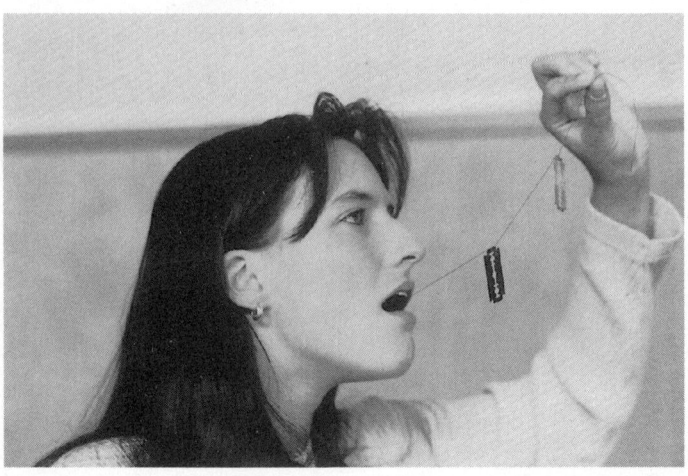

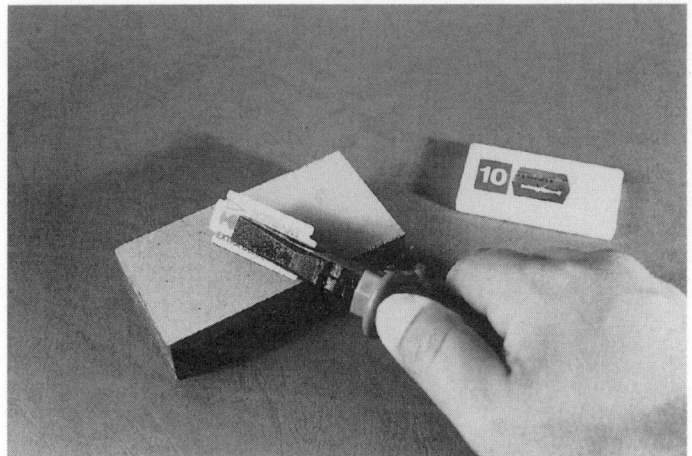

Abb. 3 Die benötigten Utensilien: eine präparierte Garnrolle, Zwirnsfaden, ein Gimmik (Hilfmittel) und zwölf Rasierklingen.

Abb. 4 Machen Sie die Schneiden stumpf, indem Sie die Rasierklingen über einen Wetzstein ziehen.

57

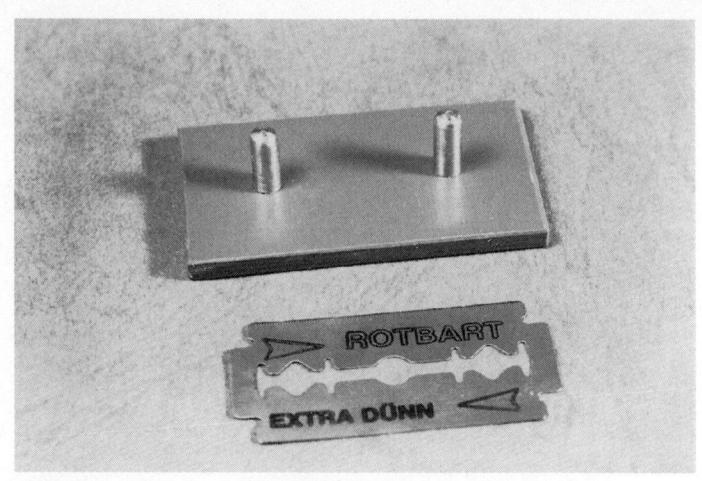

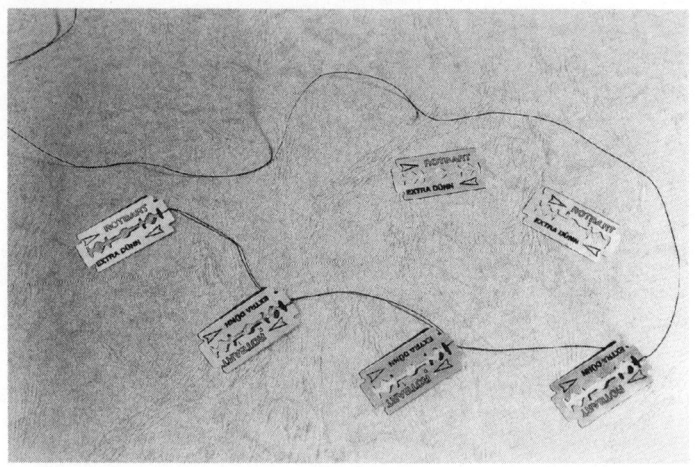

Abb. 5   Das Gimmick.

Abb. 6   Die sechs Rasierklingen werden im Abstand von jeweils ca. 6 cm mit dem Zwirnsfaden verknotet.

58

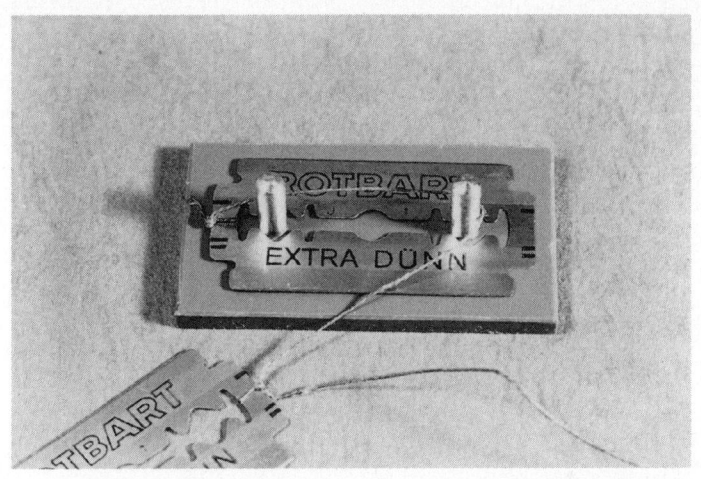

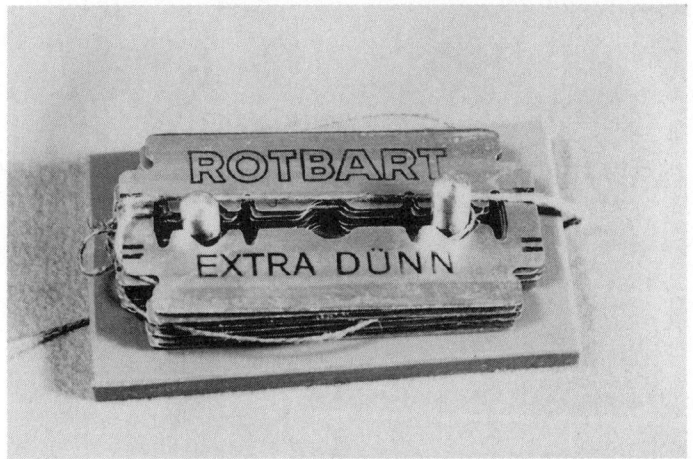

Abb. 7   Die erste Klinge liegt auf dem Brettchen, der Faden ist einmal um die Zapfen gewickelt – so wird auch mit den folgenden Rasierklingen verfahren.

Abb. 8   Abschließend wird der Zwirn einmal der Länge nach um das Klingenpäckchen geschlungen.

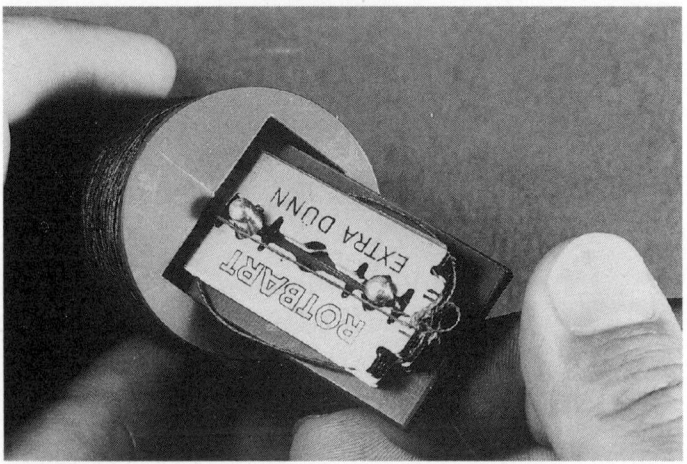

Abb. 9   Das Geheimnis der präparierten Garnrolle ist eine rechteckige Öffnung auf der Seite, die gerade so groß bemessen ist, daß darin das Gimmik mit dem Klingenpaket Platz findet.

Abb. 10   Mit dunkelgrauem Zwirn umwickelt wirkt das Versteck wie eine echte Garnrolle.

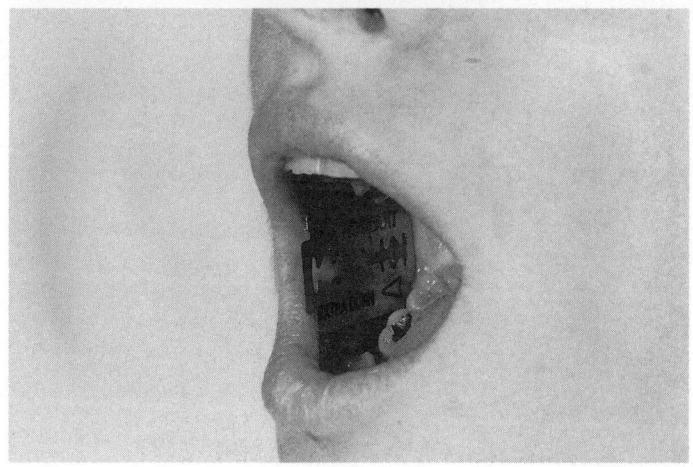

Abb. 11   Ein Ziehen an dem herausstehenden Fadenende läßt das Gimmik herausgleiten.

Abb. 12   Die Klingen werden mit der Zunge in eine Backentasche befördert.

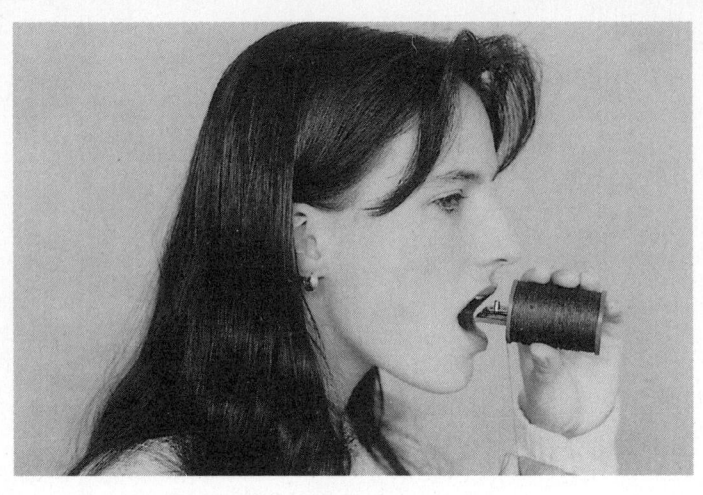

Abb. 13   Das Ziehen am Faden befördert das Klingenpäckchen in den Mund.

Der Speer an der Kehle

Präsentation

Auf der Bühne ist ein einfacher, kleiner Wagen zu sehen – ein Brett mit vier Rädern und einer Art Deichsel. Auf dem Brett steht ein kleiner Hocker (Abb. 1).

Der Magier kommt aus dem Zuschauerraum zurück, neben sich zwei junge, hübsche Damen, die er eben aus dem Publikum ausgewählt hat.

Er erzählt: *»Ich habe zwei Jahre in einem buddhistischen Kloster zusammen mit Shaolin-Mönchen gelebt und dort vieles von dem gelernt, was ich Ihnen heute in meiner Show vorführen werde.*

Die Mönche des Shaolin-Klosters sind berühmt für ihre Darbietungen, außerdem haben sie viele alte asiatische Kampftechniken bis zur absoluten Perfektion weiterentwickelt. Vielleicht ist Ihnen ja auch bekannt, daß es durch harte Körperübungen und ausgefeilte Atemtechnik möglich ist, den menschlichen Körper extrem belastbar zu machen und auch das Schmerzempfinden fast völlig auszuschalten.

Was Sie gleich sehen werden, ist sehr gefährlich, und ich rate Ihnen ab, es selbst versuchen zu wollen. Es hat fast ein Jahr gedauert, bis ich in der Lage war, diese Übung vorzuführen, ohne mich dabei zu verletzen.«

Der Magier wendet sich an die zwei Damen und bittet sie, auf das fahrbare Brett zu steigen. Dabei reicht er jeder einzeln die Hand und hilft ihnen auf das rollende Podest.

Ein Assistent hält einen Speer mit blitzender Spitze bereit, den der Magier in einem Winkel von ca. 45° in die Wagendeichsel steckt (Abb. 2). Dann zieht er sein Hemd aus, stellt sich konzentriert und mit geschlossenen Augen direkt vor die Speerspitze, die auf seinen Hals zeigt, und atmet in kurzen, laut hörbaren Zügen. Dann öffnet er die Augen, faßt den hölzernen Schaft des Speeres und setzt sich die scharfe Klinge direkt an seinen Kehlkopf (Abb. 3). Ein letzter, tiefer Atemzug, und während er langsam die angehaltene Luft auspreßt, nimmt er die Hände vom Speer (Abb. 4) und setzt den schweren Wagen in Bewegung – allein durch Drücken mit seiner Kehle gegen die Metallspitze des Speeres. Wir können deutlich sehen, wie sich die Spitze tief in die Haut bohrt, und trotzdem schiebt der Magier den Wagen mit den beiden Frauen vier bis fünf Meter weit.

Zum Schluß der Vorführung zeigt er uns seinen unverletzten Hals. Wir können zwar eine tiefe Druckstelle sehen, jedoch kein Blut. Zum Beweis, daß die Metallklinge auch wirklich scharf und spitz ist, schleudert der Magier den Speer gegen eine Holzwand.

⚠️ *Erklärung*

Da ist ja nichts dabei, werden Sie vielleicht denken, unter dem Brett sind versteckte Elektromotoren, die über eine Fernsteuerung den Wagen vorantreiben. Keine schlechte Idee, nur liegt sie weit daneben. Es geht viel einfacher. Der Wagen wird wirklich mit dem Speer an der Kehle angeschoben. Der Trick liegt in dem Winkel, in dem der Zauberer gegen die Klinge drückt. Dieser Winkel ist durch die schräg angebrachte Fassung für den Schaft des Speeres vorgegeben (Abb. 1).

So wirkt der größte Teil der Schubkraft nicht direkt auf die Metallspitze, sondern auf die flache Seite der Klinge (Abb. 5).

Zudem liegt diese untere flache Klingenseite auf dem oberen Teil des Brustbeines auf. Auf diese Weise kann der Wagen mit Leichtigkeit geschoben werden. Waagrecht angesetzt (Abb. 6) würde die Speerspitze im Nu den Hals durchbohren.

Weitere Aspekte des Tricks sind die Verwendung von leichtgängigen Rädern und ein möglichst ebener, sauberer Untergrund. So bietet das Gewicht kaum Widerstand, und es ist möglich, weit über 100 Kilo mit nur einem Finger zu schieben oder eben mit einer Speerspitze am Hals.

Abb. 1   Wagen mit Hocker und Deichsel.

Abb. 2   Der Speer wird in die 45°-Halterung gesteckt.

66

Abb. 3   Die Speerspitze wird mit beiden Händen an die richtige Stelle gesetzt...

Abb. 4   ...und dann losgelassen.

*Abb. 5 Die meiste Schubkraft wird nicht von der Metallspitze,
sondern der flachen Seite der Klinge aufgenommen.*

*Abb. 6 Würde der Speer waagrecht gegen den Hals gedrückt, dränge
er sofort in den Hals ein.*

2 Sensationsdarsteller

Ein Mann hängt in Ketten gebunden kopfüber an einem brennenden Seil, ein anderer läßt sich an einen Stuhl fesseln, eine gespannte Armbrust auf seinen Körper gerichtet. Innerhalb weniger Minuten muß der Versuch, sich zu befreien, geglückt sein, um dem Tod zu entrinnen.

Zwei typische Kunststücke von Sensationsdarstellern, die anscheinend ihr Leben riskieren, um dem Publikum eine spannungs- und actiongeladene Show zu bieten.

Es mag durchaus den einen oder anderen Künstler geben, der tatsächlich seine Gesundheit oder gar sein Leben aufs Spiel setzt. Meist handelt es sich jedoch um präzise ausgefeilte Tricks, die keine wirkliche Gefahr für Leben und Gesundheit darstellen.

In der Zwangsjacke am brennenden Seil

Präsentation

Der Künstler steht mit einem Zuschauer vor dem Publikum und erklärt:

»Ich werde gleich mit einer Zwangsjacke gefesselt und dann mit einem 4 m langen Hanfseil, das an diesem Kran befestigt wird, 20 Meter hochgezogen. Das ist nicht weiter anstrengend, deshalb wollen wir es etwas spannender gestalten und zünden das Seil an. Mir bleiben etwa drei Minuten, um mich aus der Jacke zu befreien, bevor das Seil durchbrennt. Wenn ich es nicht rechtzeitig schaffe, werde ich unweigerlich abstürzen und mir das Genick brechen.«

Der Illusionist beginnt damit, sich Beinschlaufen anzulegen (Abb. 1). Danach schlüpft er in die Ärmel einer Zwangsjacke und bittet seinen Publikumsassistenten, die Gurte der Jacke im Bereich des Rückens zuzuziehen – so fest es geht.

Während er verschnürt wird (Abb. 2), erzählt der Magier etwas über die Geschichte von Zwangsjacken, deren Verwendung in der Psychiatrie und daß es absolut unmöglich ist, sich aus dieser Fesselung zu befreien.

Währenddessen verschränkt er seine Arme, und die von den Jackenärmeln hängenden Ledergürtel werden ebenfalls hinter seinem Rücken zusammengeschnürt (Abb. 3).

Ein Helfer bereitet das Hanfseil vor und tränkt es mit Lampenöl (Abb. 4). Damit das Seil mehr von dem Brandbeschleuniger auf-

73

nimmt, wurde es vorher über eine Länge von 2 m mit Mullbinden umwickelt.

Ein letzter Riemen hängt noch lose vom vorderen Bund der Zwangsjacke, und der Magier bittet den Herrn aus dem Publikum, diesen zwischen seinen Beinen nach hinten durch eine Schnalle zu führen und gut festzuziehen. Als er das tut und der Ledergurt sich straff in seinen Schritt preßt, zuckt der Magier kurz zusammen. *»Au, das tat weh!«* stellt er fest und zeigt ein schmerzverzerrtes Gesicht.

Die Assistenten helfen dem Zauberkünstler, sich auf den Boden zu legen, und befestigen die Beinschlaufen mit Karabinerhaken am einen Ende des Seiles (Abb. 5), das andere Ende des Taues wird an einem Haken des Stahlseiles eingeklinkt, das von einem Lkw-Kran herabhängt.

Mit einem Kopfnicken gibt der Illusionist das Startzeichen, der Mann am Kran betätigt die Motorwinde, das Hanfseil wird in Brand gesetzt (Abb. 6) und nach oben gezogen (Abb. 7 und 8).

Hoch in der Luft versucht der Magier sich biegend und windend aus der Fesselung zu befreien. Das Seil brennt inzwischen lichterloh. Zwei Minuten sind sicherlich vergangen, und der Zauberkünstler steckt immer noch in seiner Zwangsjacke, hat aber bereits die Arme frei. Plötzlich fällt die Jacke zu Boden (Abb. 9), und der Magier beweist mit ausgebreiteten Armen, daß er es geschafft hat (Abb. 10). Das Seil brennt immer noch, und es wird langsam Zeit, den Entfesselungskünstler wieder herunterzulassen.

⚠️ Erklärung

Bei dieser Sensationsnummer gibt es zwei Dinge, die wir genauer betrachten wollen: zum einen das brennende Seil, zum anderen die Zwangsjacke.

Beginnen wir mit der Zwangsjacke (Abb. 11). Dieses »Kleidungsstück« sieht aus wie eine normale Jacke, wird jedoch »verkehrt« herum angezogen, so daß sie am Rücken geschlossen wird. Eine Zwangsjacke ist ein beliebtes Utensil bei Entfesselungsnummern. Sie wird aus festem Leinentuch gefertigt, mit Lederriemen im Bereich des Rückens, der Arme und im Schritt (Abb. 12). Jeder weiß, wozu diese Jacken verwendet werden und daß es absolut unmöglich ist, sich daraus zu befreien. Aber wer hatte schon die Gelegenheit, eine echte Zwangsjacke zu sehen. Niemand weiß daher, daß es sich hier um eine spezielle Trick-Zwangsjacke handelt, die es dem Künstler ermöglicht, sich innerhalb weniger Sekunden daraus zu befreien. Aber auch aus einer echten Zwangsjacke ist eine Flucht möglich.

Sehen wir uns die verschiedenen Methoden an, um sich von so einem Ding zu befreien, und beginnen wir mit der Trickjacke, die sich wesentlich von der echten Zwangsjacke unterscheidet. Bei Trickjacken sind die Ärmel im Bereich der Oberarme sehr weit geschnitten (Abb. 11 und 12). Das erlaubt dem Entfesselungskünstler, trotz nach hinten gebundener Ärmel und enggeschnürter Riemen seine Arme nach innen zu bewegen und so die Gürtelschnalle im Schritt zu lösen, um die Jacke schließlich wie einen Pullover über den Kopf auszuziehen.

Die originalen Zwangsjacken haben enge Ärmel, vom Handgelenk bis zur Schulter. Da ist es normalerweise unmöglich, die Arme nach innen zu ziehen. Ebenso unmöglich ist es, sie über den Kopf auszuziehen. Um sich aus solch einer Jacke zu befreien, müssen Sie bereits bei der Fesselung für nötigen Spielraum sorgen, indem Sie mit den Armen Widerstand leisten. Verschränken Sie Ihre Arme nicht zu weit nach hinten, sondern drücken Sie mit den Ellenbogen nach außen. Damit erreichen Sie, daß die Ärmel auf dem Rücken nicht so weit zusammengezogen werden können.

Zusätzlich haben solche Jacken einen engen Halsausschnitt sowie einen Riemen im oberen Schulterbereich, um zu verhindern, daß die Jacke über den Kopf ausgezogen wird. Diesen oberen Riemen entfernen Sie, und Sie können sich ohne große Anstrengung befreien.

Auch der Ärmelbereich der Trickjacke ist präpariert. Die Lederriemen sind nicht wie bei echten Jacken mit dem Stoff vernäht, sondern laufen durch einen kleinen Schlitz in das Innere der Jacke und sind dort mit einem Stück Rundholz verbunden (Abb. 13). Wenn der Magier in die Jacke schlüpft, kann er diese Holzgriffe packen und so die Riemen einige Zentimeter nach innen ziehen (Abb. 14). Nach der Verschnürung braucht er nur die Hölzer loszulassen, und die Riemen sind wieder locker. Dieser gewonnene Spielraum genügt, um die Arme über den Kopf zu heben und dabei die Jacke wie einen Pullover auszuziehen.

Und nun zum brennenden Seil. Irgendwann muß ein Zauberkünstler darüber nachgedacht haben, wie sich die Entfesselung aus einer Zwangsjacke wohl spannender gestalten ließe. Dabei kam er auf die Idee, sich kopfüber aufhängen zu lassen. Um auch bei dieser Version den Nervenkitzel zu erhöhen, hat der Künstler beschlossen, das Seil auch noch anzuzünden.

Wenn Sie diese Entfesselungsnummer vorführen wollen, müssen Sie sich entscheiden, ob Sie zu denjenigen gehören, die Spaß an einem langen Leben haben und daher auf Nummer Sicher gehen, oder zu jenen, die einen gewissen Nervenkitzel brauchen und mit einem kalkulierbaren Restrisiko arbeiten wollen.

Die einfachste und sicherste Methode ist, sich bei einer Draht- und Hanfseilerei (Adresse siehe Anhang) ein Spezialseil fertigen zu lassen: ein Hanfseil von 20 mm Durchmesser mit eingespleißten Schlaufen an beiden Enden und einem Kern aus 4 mm dickem Stahlseil (Abb. 15). Als Faustregel gilt, daß die maximale Belastung des Seiles mindestens dem vierfachen Wert der tatsächlich zu tragenden Last entsprechen muß. Ein Stahlseil (unverzinkt) von 4 mm Durchmesser hält rund 850 kg aus. Die maximale Nutzlast liegt also bei 200 kg. Ein Hanfseil mit einer Stärke von 20 mm können Sie sogar mit bis 2,5 Tonnen belasten, bevor es reißt. Damit ist es für Gewichte bis ca. 600 kg bestens geeignet. Ein solches 20 mm dickes Hanfseil mit einem 4 mm starken Drahtseilkern kostet etwa 150,– DM, und das sollte Ihnen Ihre Sicherheit wert sein. Damit die Zuschauer nichts von der Täuschung bemerken, umwickeln Sie die Seilschlaufen mit einem Textilklebeband (Abb. 16).

Es geht aber auch ohne Drahtkern, das bedeutet allerdings ein gewisses, aber kalkulierbares Risiko. Sie können in Versuchen ermitteln, wie lange ein unpräpariertes Hanfseil mit einem bestimmten Durchmesser unter festgelegter Belastung und mit abgemessener Menge an Brandbeschleuniger in Flammen steht. Als Testgewicht für diesen Zweck sind z. B. große Hantelscheiben geeignet, wie sie in Fitneßstudios verwendet werden, oder Zementsäcke, von denen jeder 25 kg wiegt.

Markieren Sie auf dem Seil die Strecke, die Sie mit der Brennflüssigkeit tränken wollen, und ermitteln Sie in Vorversuchen die Menge an Brennstoff, die das Seil in diesem Bereich aufnimmt. Jetzt brauchen Sie noch eine geeignete Hubvorrichtung, um das Gewicht am Seil hochzuziehen. Je nachdem, welche Möglichkeiten Sie haben (Freunde, Verwandte oder Bekannte mit Beziehungen), bieten sich an: Baukran, Arbeitsbühne, Traktor, einfacher Flaschenzug usw. Stoppen Sie die Zeit, wie lange das Seil mit der verwendeten Menge Feuerflüssigkeit brennt bzw. ob und wann es unter Belastung und Hitze reißt.

Abbildung 17 zeigt, daß das Seil durch das Feuer kaum beschädigt wird. Dieses Seil wurde für die Vorführung verwendet. Dort wo es mit Stoff umwickelt war, ist es absolut unversehrt. Der Rest wurde nur leicht angekohlt. Es verhält sich wie der Docht einer Öllampe. Das Trägermaterial (Leinen oder Hanf) verbrennt kaum, sondern nur das aufgesaugte Lampenöl. Und so wird auch eher der Brennstoff verzehrt sein, als daß das Hanfseil reißt.

Es macht sich auch sehr gut, das Seil mit ein paar kurzen Leinentüchern zu umwickeln, die nur leicht am Seil befestigt werden. Das ergibt herabfallende brennende Fetzen, was sehr dramatisch aussieht.

Ich habe Lampenöl verwendet, um das Seil anzuzünden. Damit die brennende, tropfende Flüssigkeit nicht mich in Brand setzt, wurde eine Art Teller angebracht. Diese Schutzvorrichtung besteht hier aus festem Karton, der mit stabiler Alufolie umwickelt wurde.

Übrigens ist das Hängen mit dem Kopf nach unten nicht ganz ungefährlich. Wenn Sie dies untrainiert und darüber hinaus noch zu lange tun, weil Sie für Ihre »Befreiung« zuviel Zeit brauchen, kann es passieren, daß Sie bewußtlos werden. Grund dafür ist ein Blutstau im Kopf. Treffen Sie also Absprachen mit Ihrem Personal, daß in so einem Fall die Nummer sofort abgebrochen wird und Sie herabgelassen werden.

Abschließend noch ein paar Worte zur Befestigung der Füße am Seil. Verzichten Sie auf Experimente, und verwenden Sie professionelle Beinschlaufen (Abb. 18). Sie bekommen diese z. B. bei Firmen, die Bungee-Springen anbieten (Adresse siehe Anhang).

Achten Sie darauf, die Schnallen über den Knöcheln zu befestigen, das entlastet die Fußgelenke und vermeidet Schmerzen. Bei einem hohen Körpergewicht müssen Sie damit rechnen, daß die Fußfesseln Sie drücken. Das kann sehr weh tun. Dagegen hilft festes, knöchelhohes Schuhwerk oder eine starke Polsterung unter den Schnallen (z. B. ein zusammengelegtes Handtuch). Geeignete Karabiner für die Befestigung am Seil bekommen Sie im Baumarkt.

Diese Entfesselungsnummer ist die einfachste Art der Präsentation, läßt das Publikum jedoch mit der Frage zurück, wie lange das Hanfseil den Flammen noch standgehalten hätte. Aufregender wird es, wenn der Künstler sich auch aus seinen Beinfesseln befreit und zu einem zweiten Seil hinüberrettet. Das gelingt allerdings nur unter enormer Anstrengung, und körperliche Fitneß ist dabei unabdingbar. Aber auch hier fragen sich die Zuschauer, wie lange es noch gedauert hätte, bis das Seil gerissen wäre.

Die absolute Krönung ist daher, wenn das brennende Hanfseil wirklich reißt, kurz nachdem der Magier sich in Sicherheit gebracht hat. Sie müssen nur einen TÜV-geprüften Mechanismus einbauen: z. B. einen sogenannten Panikhaken, der auf Kommando ausgelöst werden kann.

Statt der Zwangsjacke können Sie sich auch mit schweren Stahlketten fesseln lassen. Wie Sie sich hieraus befreien, verrät Ihnen die nächste Trickbeschreibung.

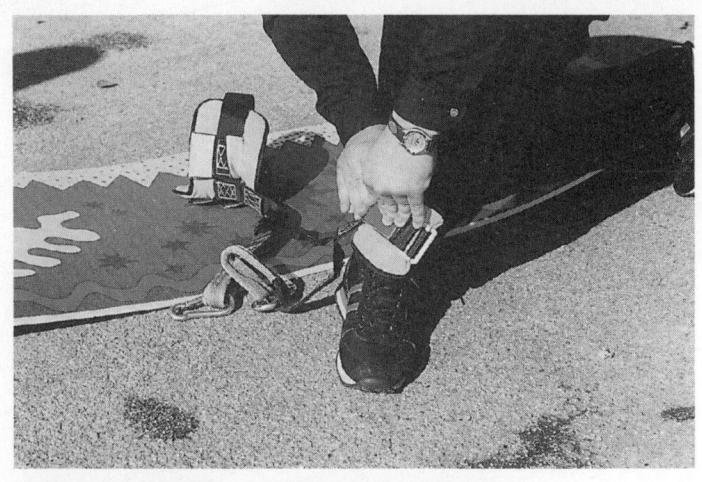

Abb. 1   Die Beinschlaufen dienen zur sicheren Befestigung am Seil.

Abb. 2   Ein Zuschauer schließt die Zwangsjacke am Rücken.

80

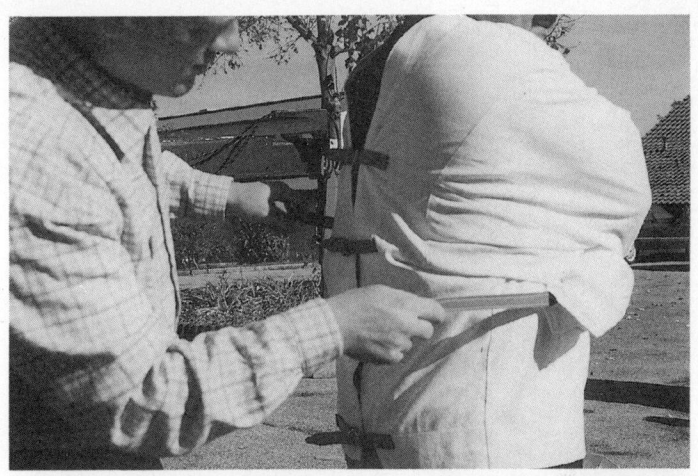

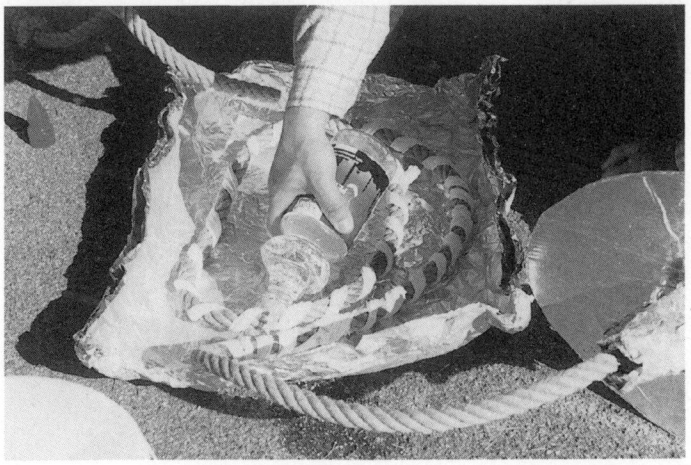

Abb. 3   Auch die Ärmel der Zwansjacke werden nach hinten gezogen und zusammengebunden.

Abb. 4   Ein präparierter Teil des Hanfseiles wird mit Lampenöl getränkt.

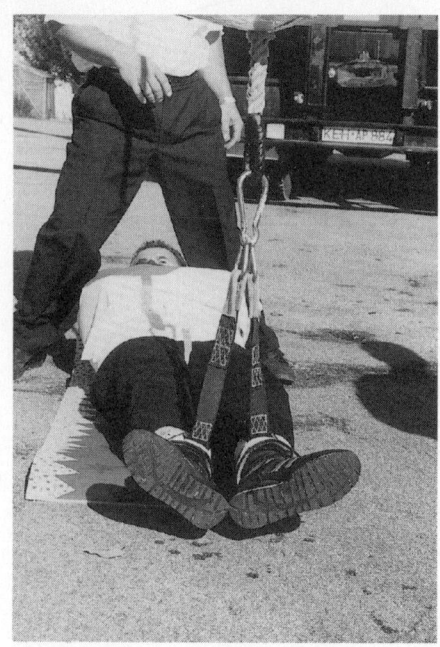

*Abb. 5
Am Boden liegend
werden dem Entfesse-
lungskünstler die
Beinschlaufen mit
Karabinerhaken am
Hanfseil befestigt und
dieses ein Stück nach
oben gezogen ...*

*Abb. 6
... damit es in Brand
gesetzt werden kann.*

*Abb. 7
Der Zauberkünstler wird
nach oben gezogen...*

*Abb. 8
... das Seil steht bereits
voll in Flammen...*

Abb. 9
... und schließlich fällt
die Jacke zu Boden.

Abb. 10
Die ausgebreiteten Arme
sind das Zeichen, daß
er es geschafft hat und
wieder heruntergelassen
werden will, bevor das
Seil durchbrennt.

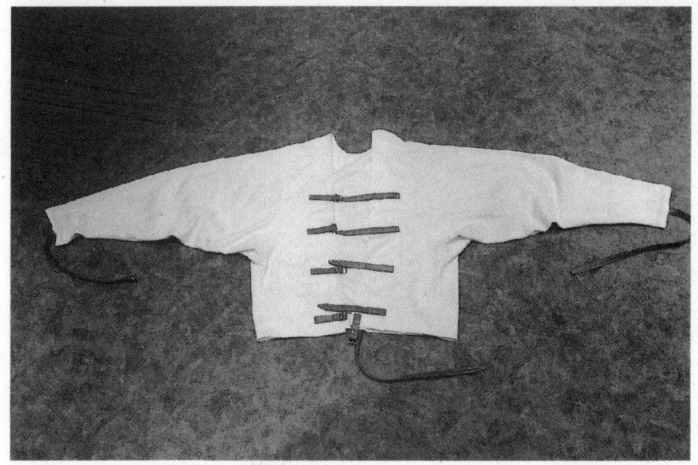

Abb. 11   Vorderansicht der Zwangsjacke.

Abb. 12   Ansicht von hinten mit den Lederriemen.

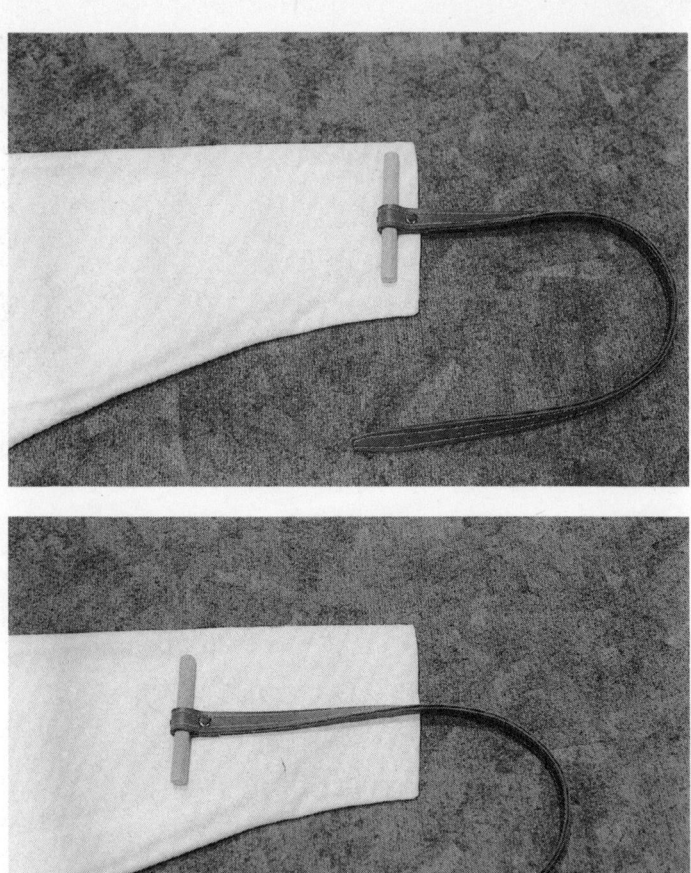

Abb. 13   Die Befestigung der Lederriemen am Rundholz.

Abb. 14   Mit Hilfe des Holzgriffes kann der Illusionist vor der Fesselung die Riemen nach innen ziehen.

Abb. 15   *Hanfseil mit eingespleißten Schlaufen und Stahlseilkern.*

Abb. 16   *Textilklebeband verbirgt das Stahlseil.*

Abb. 17   Das Seil wurde bei der Vorführung kaum beschädigt.

Abb. 18   Professionelle Fußbefestigungen für das Bungee-Springen.

In Ketten den Tod vor Augen

Präsentation

Der Bühnenvorhang öffnet sich, und ein einzelner Scheinwerfer taucht einen wuchtigen schwarzen Stuhl mit extrem hoher Rückenlehne in helles Licht. Im oberen Bereich der Lehne ist eine Zielscheibe zu sehen, im Gestell selbst sind mehrere Metallösen verankert (Abb. 1).

Langsam wird die Bühne stärker ausgeleuchtet, und in einigem Abstand von dem Stuhl können wir ein Stativ erkennen, in das eine geladene Armbrust eingespannt ist (Abb. 2). Der Magier tritt aus den Kulissen und deutet auf den Stuhl.

»Der Todesstuhl!

Gleich werde ich hier mit Ketten an dieses Holzgestell gefesselt, und mein Kopf wird genau vor dieser hölzernen Zielscheibe fixiert werden.«

Dann wendet er sich dem Stativ zu.

»Auf diesem Stativ ist eine gespannte Armbrust befestigt, die mit einem scharfen Pfeil geladen ist.

Der Abzug der Waffe ist mit einem Mechanismus verbunden, der von dieser Zeitschaltuhr ausgelöst wird. Mir bleiben genau sechzig Sekunden, mich zu befreien, bevor dies passiert.«

Der Illusionist betätigt den Abzug der Waffe (Abb. 3), und mit lautem Schnalzen löst sich der Schuß aus der Armbrust und jagt den Pfeil genau ins Zentrum der Zielscheibe an der Rückenlehne des Stuhles (Abb. 4).

Eine Assistentin entfernt den Pfeil aus dem Holz und bringt ihn zurück zum Stativ mit der Armbrust, deren Sehne gerade von einem weiteren Helfer erneut gespannt wird. Vorsichtig legt sie den Pfeil in die Waffe. Der Magier tritt hinzu und überzeugt sich mit einem kritischen Blick durch die Zielvorrichtung von der korrekten Ausrichtung der Armbrust.

»Ich brauche eine Haarnadel!« fährt der Zauberkünstler fort. *»Gibt es im Publikum jemanden mit einer Haarnadel?«*
Es meldet sich eine Dame.

»Sehr schön! Bitte reichen Sie die Nadel nach vorne! Sie bekommen sie nachher selbstverständlich zurück.«
Mit ernster Miene erklärt der Magier: *»Diese Haarnadel ist das einzige Hilfsmittel, das ich verwenden werde, die Schlösser zu öffnen und mich aus den Fesseln zu befreien. Wenn irgend etwas schiefgeht, ist es alleine Ihre Schuld.«* Er zeigt dabei mit dem Finger auf die Dame, die die Nadel zur Verfügung gestellt hat, und die Leute im Publikum lachen.

»So, nun bitte ich noch einen kräftigen Herrn zu mir auf die Bühne, der dabei hilft, mir die Ketten anzulegen.«
Da sich niemand freiwillig meldet, wählt der Illusionist einen Mann aus der ersten Reihe: *»Sie, mein Herr, bitte kommen Sie!«*, und dieser begibt sich aufs Podium.

Zunächst werden die Handgelenke des Magiers fest mit einer kurzen Stahlkette umschlungen und vom Assistenten mit einem Stahlschloß (Abb. 5) gesichert. Danach zieht der Helfer eine mehrere Meter lange Kette aus einem Eimer und legt sie dem Entfesselungskünstler von vorne um den Hals. Das eine Ende der Kette drückt er dem Mann aus dem Publikum in die Hand, das andere Ende behält er selber und beginnt damit, um den Magier herumzugehen und so mit der Kette zu verschnüren. Dem Herrn deutet er an, dasselbe zu tun, aber in die andere Richtung. Die freien Enden werden schließlich vor der Brust des Zauberers mit einem weiteren Schloß verbunden.

Der Magier setzt sich nun auf den Todesstuhl. Eine weitere Kette wird durch eine der seitlich angebrachten Metallösen im Gestell der Rückenlehne geführt, dann in doppelter Lage über den Bauch des Künstlers gezogen und die beiden Enden auf der anderen Seite mit einem Schloß in einem zweiten Stahlring gesichert. Das gleiche geschieht im Bereich des Halses, wodurch der Kopf des Magiers unverrückbar vor der Zielscheibe fixiert wird (Abb. 6). Auf ein Zeichen des Magiers wird die Zeitschaltuhr in Gang gesetzt. Wenn er es nicht rechtzeitig schafft, sich von allen Ketten zu befreien, dann wird der Pfeil aus der Armbrust seinen Kopf durchbohren (Abb. 7). Der Zauberkünstler rüttelt hektisch an der Kette und zerrt an seiner Handfessel (Abb. 8). Sekunde für Sekunde rückt der Zeiger vor.

Nur noch 30 Sekunden, aber bisher konnte sich der Magier nicht von seinen Fesseln befreien. Plötzlich hat er seine Hände frei und fummelt mit der Haarnadel an dem Schloß, das seinen Körper am Stuhl festhält. Endlich ist es offen, zwei aber bleiben noch zu knacken. Ein weiteres springt auf, doch immer noch ist sein Kopf vor der Zielscheibe fixiert. 15 Sekunden! Der Entfesselungskünstler fingert am letzten Verschluß. Die Zeit wird verdammt knapp. 10 Sekunden, und der tödliche Schuß wird sich lösen.

Die letzte Kette um seinen Hals ist offen, und er wirft sich zur Seite, bevor der Pfeil zischend in das Zentrum der Scheibe trifft (Abb. 9). Das war knapp. Um ein Haar hätte das Geschoß den Magier durchbohrt.

Erklärung
Allein die Vorstellung, was passieren könnte, läßt uns erschaudern. Aber keine Angst, dieses Zauberstückchen ist eigentlich relativ harmlos, aber nicht zu unterschätzen. Das Risiko ist kalkulierbar, denn wir arbeiten mit Tricks.

Allerdings ist die Armbrust wirklich mit einem scharfen Pfeil geladen, und dieser Pfeil könnte den Magier töten, falls irgend etwas schiefginge. **Sicherheitsvorkehrungen sind also lebenswichtig.** Deshalb sind die Schlösser zum Teil präpariert, und bei der Handfessel handelt es sich um eine geschickte Täuschung. Der Illusionist könnte sich eigentlich innerhalb kürzester Zeit aus seiner Todesfalle befreien. Der Moment der endgültigen Entfesselung wird jedoch bis zur letzten Sekunde hinausgezögert, um Action und Spannung zu steigern.

Der Magier verfolgt genauestens die Uhr, befreit sich erst im letzten Moment aus der Halskette und dreht dann sofort seinen Kopf zur Seite weg. Eine weitere lebenserhaltende Maßnahme: Die Armbrust wird nicht durch die Schaltuhr, sondern **mittels Fernsteuerung durch eine Vertrauensperson** ausgelöst, die erst dann auf den Knopf drückt, wenn der Künstler seinen Kopf in Sicherheit gebracht hat. Genau gesagt sind es zwei Knöpfe, die betätigt werden müssen – um zu vermeiden, daß der Auslöser versehentlich gedrückt wird.

Beginnen wir mit der Fesselung der Handgelenke. Hierfür verwenden wir eine Stahlkette, wie sie in Abbildung 10 zu sehen ist, und ein einfaches, unpräpariertes Vorhängeschloß. Diese Fessel können Sie sich leicht selber bauen. Das Zubehör finden Sie in Baumärkten. Sie benötigen dafür eine Stahlkette von ca. 40 cm Länge, einen Schaukelring und ein sogenanntes Kettennotglied. Das Kettennotglied benötigen wir, um den Schaukelring an der Kette zu befestigen.

Bei dieser Fessel ist es wichtig, daß nach Ihren Spielregeln verschnürt wird.

Legen Sie sich die Ketten auf eines Ihrer Handgelenke, und führen Sie das freie Ende durch den Stahlring (Abb. 11). Dadurch entsteht eine Schlaufe, die sich zuziehen läßt. Wenn Sie sich für die linke Hand entschieden haben, halten Sie Ihre Hand dabei so, daß die Handfläche nach rechts zeigt. Fesseln Sie zuerst die Rechte, dann muß die Innenseite der Hand nach links zeigen. Achten Sie darauf, daß der große Ring auf der Oberseite des Gelenkes zu liegen kommt und die Kette auf der Innenseite herabhängt. Besser ist es, wenn der Ring noch etwas weiter Richtung Handrücken verschoben wird. Bitten Sie einen Assistenten oder besser einen Zuschauer, den Sie vorher auf die Bühne geholt haben, die Fesselung abzuschließen, indem das freie Kettenstück um das andere, noch nicht gefesselte Handgelenk gebunden wird (Abb. 12). Weisen Sie die Person an, die Kette fest zuzuziehen und dann eines der Kettenglieder, die in der Nähe des Stahlringes liegen, mit dem Schloß an dem Ring zu fixieren.

Wenn Sie nun Ihre Hände gegen den Widerstand der Kette drehen, d. h. den linken Arm nach links und den rechten nach rechts und die Kette so unter Zug halten, dann wird es so aussehen, als wäre es unmöglich, sich daraus zu befreien. Wenn Sie die Hände jedoch entgegengesetzt bewegen, d. h. die Linke nach rechts und die Rechte nach links, dann kommen Sie ohne Probleme los, denn auf diese Weise legen Sie das Stück der Kette frei, das zwischen Ihren Handgelenken verborgen lag, und der so gewonnene Spielraum genügt, die Hände aus der Fessel zu ziehen. Deshalb sollte der Ring möglichst oben bzw. leicht außen liegen. Wenn der Ring nämlich auf die Innenseite der Gelenke zu liegen kommt, dann fehlt Ihnen dieser Spielraum, um die Hände freizubekommen. Probieren Sie's aus. Übrigens, diese Täuschung wird selbst die Person aus dem Publikum nicht erkennen, wenn Sie bei der Vorführung geschickt vorgehen, also durch Erzählen abzulenken wissen und das Geschehen flott vorantreiben.

Der Magier wird zusätzlich mit langen Stahlketten an den Stuhl gebunden, die mit schweren Vorhängeschlössern gesichert werden. Die verschiedenen Schloßtypen verlangen eine entsprechende Präparation, die aber im Grunde so unterschiedlich gar nicht ist: Es gilt, ein Schloß so zu bearbeiten, daß es sich ohne Schlüssel öffnen läßt.

Auf der Abbildung 13 sind zwei Vorhängeschlösser zu sehen. Das rechte ist präpariert. Die Aussparungen am Bügel für den Verschlußriegel wurden mit einer Eisenfeile abgeschrägt. So schnappt das Schloß beim Zudrücken ganz normal ein, läßt sich aber durch leichtes Ziehen am Bügel ohne Schlüssel öffnen.

Bei dem Schloßtyp in Abbildung 14 brauchen Sie nur die Öse am Ende des Bügels aufzusägen, und das Schloß öffnet sich ebenfalls ohne Schlüssel.

Eine andere Art der Präparation könnte auch direkt an der Kette angebracht werden. Ein oder auch mehrere Kettenglieder werden einfach an jeweils einer Schmalseite durchgesägt. Die Kette hat so zwar die nötige Festigkeit, um beim Fesseln zu halten, kann aber mühelos durch Muskelkraft gesprengt werden.

Als Handfessel können Sie auch Handschellen verwenden (Abb. 15 und 16). Aber sie müssen präpariert werden. Kürzen Sie die Zacken des Zahnkranzes mit einer Eisenfeile um ca. 1 mm. Die Bügel werden dann zwar hörbar einrasten, sich jedoch ohne Schlüssel öffnen lassen.

Wollen Sie unpräparierte Handschellen benutzen, dann benötigen Sie für die Entfesselung einen Nachschlüssel. Die Schlüssel von Handschellen sind sehr einfach und sehen aus wie die von Reise- oder Aktenkoffern. Mit solchen Minischlüsseln kriegen Sie auch Polizeihandschellen auf. Sie müssen nur ein raffiniertes Versteck dafür finden und beim Öffnen so vorgehen, daß die Zuschauer von dem Schlüssel nichts merken.

Abbildung 17 zeigt Ihnen abschließend eine sehr beliebte Methode der Fesselung. An einem ovalen Metallring befinden sich vier kurze Kettenstücke. Damit werden die Handgelenke an den Bügel gebunden und mit unpräparierten Schlössern gesichert (Abb. 18).

Wenn Sie nun die Hände öffnen (Abb. 19) und über den Bügel bringen (Abb. 20 und 21), dann sehen Sie schon, was passiert. Die Kettenstücke gleiten am Bügel entlang zurück (Abb. 22) und geben Ihre Hände frei. Diese geniale Entfesselung funktioniert fast von selbst und ermöglicht dem Zauberer, sich in weniger als einer Sekunde komplett zu befreien.

Abb. 1
Der Stuhl des Todes
mit der Zielscheibe an
der Rückenlehne.

Abb. 2
Die gespannte, bereits
geladene Armbrust auf
dem Stativ, zusammen
mit dem Zeitauslöser.

Abb. 3   Zur Probe löst der Magier den Schuß aus...

*Abb. 4   ...und demonstriert damit, was nach den angekündigten
60 Sekunden passieren wird.*

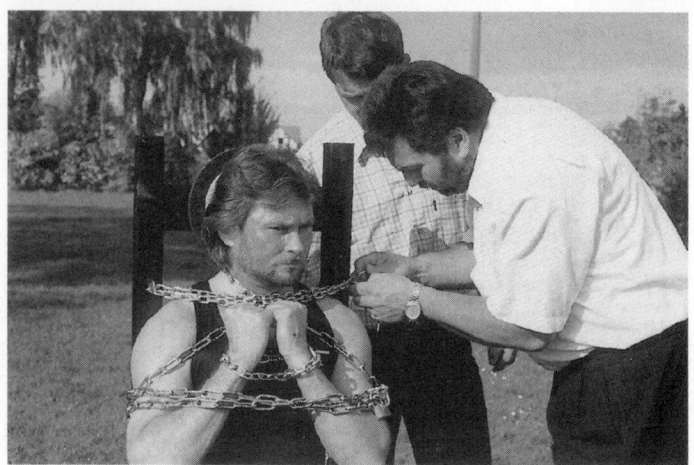

Abb. 5   Die Handgelenke des Zauberkünstlers werden mit einer Kette gefesselt und mit einem Vorhängeschloß gesichert.

Abb. 6   Becken, Oberkörper, selbst der Hals sind durch Ketten fest mit dem Stuhl verbunden.

Abb. 7   Die Armbrust zielt auf den Kopf des Zauberers, und die Zeituhr läuft...

Abb. 8   ...während der Magier versucht, sich von seinen Ketten zu befreien.

Abb. 9   ... und der Meister entrinnt knapp dem tödlichen Schuß.

Abb. 10   Die Kette für die Handfessel.

100

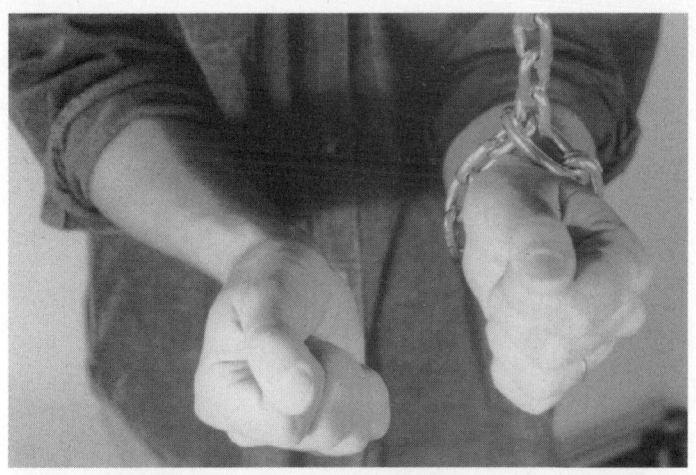

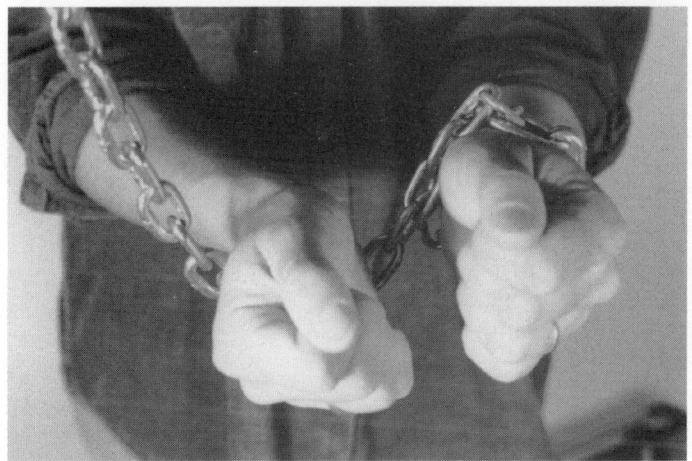

Abb. 11   Zuerst kommt eine Hand in eine Schlaufe.

Abb. 12   Dann wird das zweite Handgelenk gefesselt. Die Art der Kettenführung läßt nach dem Anbringen des Schlosses genügend Spielraum, die Fessel abzustreifen.

Abb. 13   Zwei handelsübliche Vorhängeschlösser. Das rechte wurde jedoch präpariert, indem die Einkerbungen am Bügel keilförmig aufgefeilt wurden.

Abb. 14   Ein anderes Schloß. Hier muß nur die Öse am Bügelende aufgesägt werden.

Abb. 15   Polizeihandschellen. Den Zahnkranz müssen Sie mit einer Feile bearbeiten, damit sich die Fesseln auch ohne Schlüssel öffnen lassen.

Abb. 16   So werden die Hände damit gebunden.

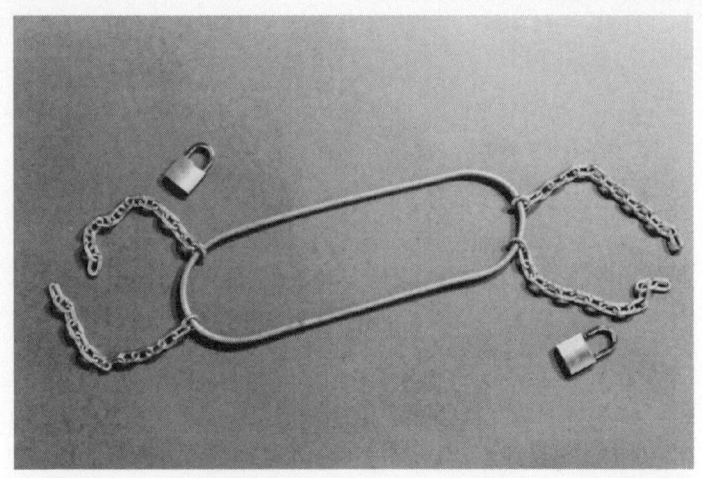

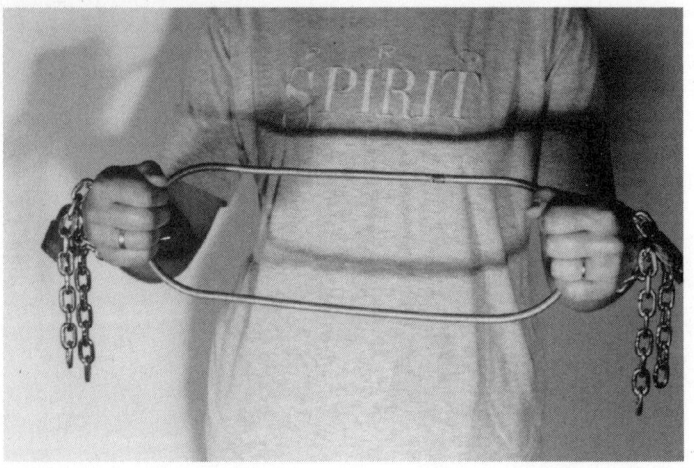

Abb. 17   Der gebogene und zugeschweißte Metallring mit den vier
kurzen Kettenstücken.

Abb. 18   Die Handgelenke des Vorführenden werden außen an den
Bügel gebunden und mit unpräparierten Schlössern gesichert.

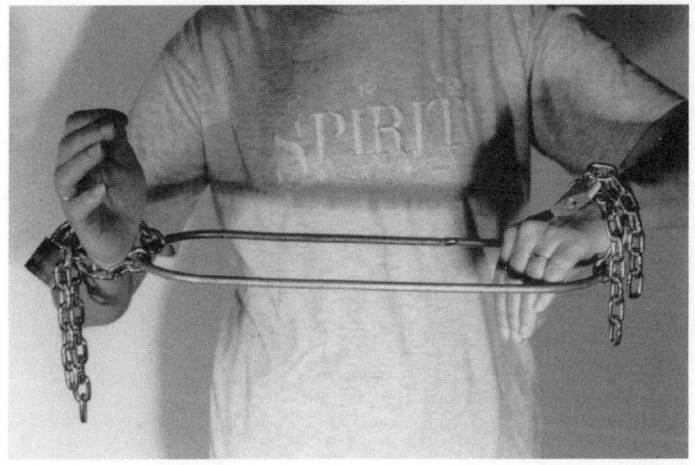

Abb. 19   Wenn Sie die Hände öffnen ...

Abb. 20   ... und in die Innenseite des Bügels bringen ...

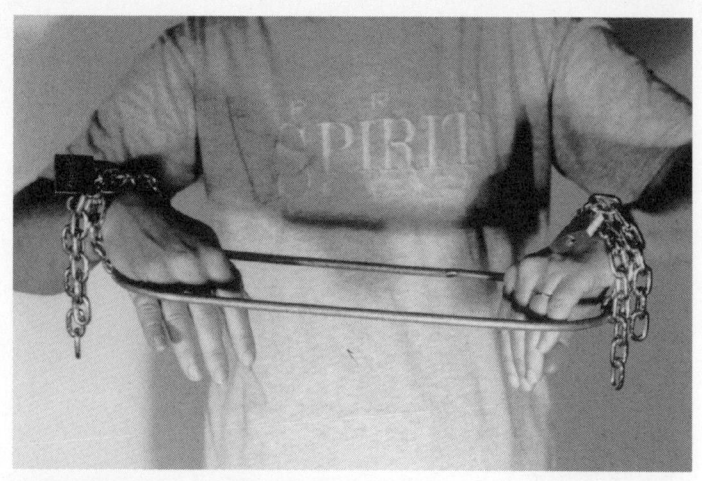

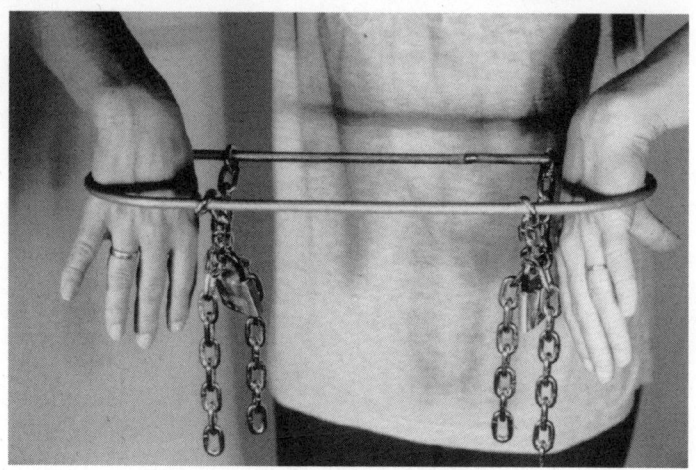

Abb. 21   ... dann gleiten die Kettenstücke am Bügel entlang...

Abb. 22   ... und geben Ihre Hände frei – ohne die Schlösser öffnen zu müssen.

Mit Muskelkraft gegen Beton
und Vorschlaghammer

Präsentation

Breitbeinig und mit freiem Oberkörper steht der Künstler da und atmet tief ein (Abb. 1). Sein Kopf ist leicht nach vorne geneigt, und er hat die Augen geschlossen. Das Publikum ist mäuschenstill.

Auf der Bühne stehen zwei einfache Stühle, etwa zwei Meter voneinander entfernt, und dazwischen ein kleiner schwarzer Hocker.

Etwas entfernt steht mit verschränkten Armen ein Assistent des Magiers. Vor ihm ragt der Stiel eines wuchtigen, auf dem Boden abgestellten Vorschlaghammers empor, und daneben sehen wir einen dicken grauen Betonblock.

Der Magier setzt sich auf den Hocker und legt seine Füße auf den einen Stuhl. Langsam läßt er seinen Oberkörper auf den anderen Stuhl zurücksinken. Eine Assistentin bringt ein kleines schwarzes Handtuch und bedeckt damit den Bauch des Illusionisten. Zwei weitere Helfer nehmen die schwere Betonplatte hoch und legen sie dem Künstler auf den Brustkorb (Abb. 2).

Schließlich wird der Hocker unter dem Körper des Magiers entfernt. Der Assistent nimmt den schweren Hammer, holt weit aus (Abb. 3) und schlägt mit gewaltiger Wucht auf die Steinplatte, während der Magier all seine Energie in einen ohrenbetäubenden Urschrei legt, um der zerstörerischen Kraft standzuhalten. Die Platte bricht wie durch Dynamit gesprengt (Abb. 4).

Die Assistenten befreien den Künstler von den Steinresten auf seiner Brust und helfen ihm wieder auf die Beine. Ein atemberaubendes Kunststück.

⚠️ *Erklärung*

Die Abbildung 5 zeigt die zerschlagene Betonplatte. Auch wenn es nach einer kleinen Sensation aussieht – es ist nur Show und nicht schwer nachzumachen.

Wer kennt den Schmerz nicht, wenn ein kleiner Hammer statt des Nagelkopfes den Daumennagel trifft. Was passiert da erst durch den gewaltigen Vorschlaghammer, wenn er mit aller Kraft den menschlichen Körper trifft? Aber so ist es ja nicht. Ein direkter Schlag des schweren Hammers auf den Körper würde auch den Vorführenden ernsthaft verletzen, doch davor schützt ihn der Betonblock auf seinem Bauch.

Der schwere Betonstein nimmt nämlich den größten Teil der Energie des Hammerschlages auf, so daß keinerlei Gefahr für den Vorführenden besteht. Die körperliche Leistung des Künstlers liegt allein darin, für ein paar Minuten in der unbequemen und anstrengenden Position zwischen den Stühlen auszuharren. Aber das ist Trainingssache und dann auch nicht mehr so schwierig durchzuführen. Der echte Könner liegt tatsächlich nur auf Fersen und Hinterkopf bzw. Nacken, was beachtliche Kraft erfordert. Die weniger Geübten liegen mit den Schultern auf und müssen sich dann nicht so quälen, um in dieser Stellung auszuharren.

Wenn Sie sich an diese Nummer wagen wollen, sollten Sie gründlich üben. Trainieren Sie das Liegen zwischen zwei Stühlen erst ohne, später mit Zusatzgewichten auf Ihrem Bauch.

Die Betonplatten stellen Sie sich am besten selbst her. Fertige Platten sind zu teuer, und es gibt sie nicht in allen Größen und

Stärken. Außerdem können Sie beim Selberbauen die Beton-
härte bestimmen.

Beginnen Sie mit der Schalung. Die Schalung ist nichts weiter
als eine einfache Holzform für den frisch angerührten Beton mit
den Innenmaßen entsprechend der gewünschten Plattengröße.
Mit ein bißchen handwerklichem Geschick haben Sie diese
Form schnell zusammengebastelt. Sie besteht aus einer Boden-
platte und vier Seitenteilen (Abb. 6). Die Größe bestimmen Sie
selbst. Ich verwende Betonblöcke mit den Maßen
$55 \times 40 \times 10$ cm (L × B × H).

Beton besteht aus Betonkies und Zement, die in einem bestimmten Verhältnis zusammen mit Wasser vermischt werden.
Zement gibt es für ein paar Mark im Baumarkt. Betonkies müssen Sie meist in größeren Mengen abnehmen. Da wir aber für
unsere paar Betonblöcke nicht gleich eine ganze Lkw-Ladung
benötigen, können Sie in einem Neubaugebiet in Ihrer Gegend
danach fragen, ob Sie nicht ein paar Schaufeln bzw. Eimer Kies
haben können. Natürlich gegen Bezahlung.

In einem Schubkarren vermischen Sie zunächst neun Schaufeln
Kies mit drei Schaufeln Zement. Dann geben Sie nach und nach
Wasser hinzu, mischen kräftig weiter, bis eine homogene, ein-
heitlich graue Masse entstanden ist.

Geben Sie acht, daß Sie nicht zuviel Wasser nehmen. Für die
genannte Menge Kies und Zement genügen ca. sechs bis sieben
Liter Wasser. Falls die Mischung doch zu flüssig wird, ergänzen
Sie einfach mit etwas Sand bzw. Kies und einer Prise Zement.

Der fertige Beton sollte formbar sein, das heißt, nicht von der
Schaufel laufen. Richten Sie die Schalung »ins Wasser«: Prüfen
Sie mit einer Wasserwaage, daß die Form genau eben steht.
Feuchten Sie das Holz an, und füllen Sie die Schalung dann bis
zum Rand (Abb. 7). Anschließend klopfen Sie rundherum mit
einem Hammer von außen gegen die Holzform. Das vertreibt
die Luft aus der Mischung, und der Beton wird dadurch ver-

dichtet. Überschüssiges Material streichen Sie einfach ab, indem Sie die Oberfläche mit einem geraden Brett glattziehen (Abb. 8). Lassen Sie die so gefüllte Form ca. zwei Tage zum Aushärten an einem schattigen Platz stehen. Vermeiden Sie direkte Sonneneinstrahlung, weil der Block sonst Risse bekommt.

Drehen Sie die Schalung um, und klopfen Sie von außen gegen das Holz. Dabei sollte der fertige Block herausfallen. Wenn das nicht geht, entfernen Sie einfach einen Teil der Schalungsbretter.

Ihr Assistent sollte im Umgang mit einem Vorschlaghammer Erfahrung haben, bevor er auf den Stein auf Ihrem Körper zielt. **Sie können schwer verletzt werden, wenn der Betonblock nicht im Zentrum getroffen wird!** Um Kratzer auf dem Körper durch den rauhen Betonklotz zu vermeiden, können Sie sich, wie beschrieben, ein Handtuch auf den Bauch legen.

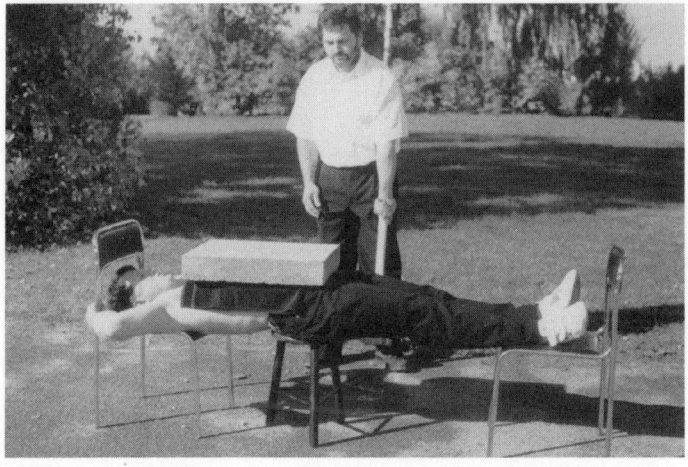

Abb. 1   Der Konzentration suchende Magier mit Assistent und Utensilien.

Abb. 2   Zwischen den beiden Stühlen liegend wird ihm die Betonplatte
auf den Bauch gelegt.

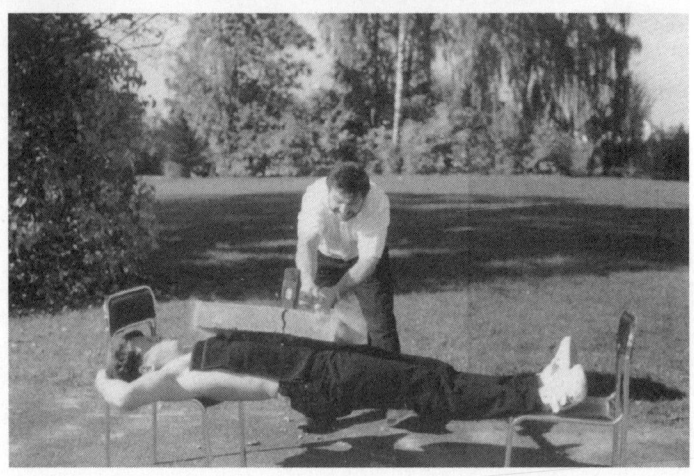

Abb. 3   Nachdem der Hocker unter dem Körper des Magiers entfernt wurde, holt sein Assistent weit aus...

Abb. 4   ...und zerschlägt mit voller Wucht den Betonklotz auf dem Bauch des Zauberkünstlers.

Abb. 5   Die zerbrochene Betonplatte.

Abb. 6   Die Holzschalung für den Beton.

*Abb. 7   Richten Sie die Form aus, und feuchten Sie sie innen gut an.
Dann füllen Sie den Beton in die Schalung und klopfen mit einem
Hammer von außen gegen das Holz, um die im Beton eingeschlossenen
Luftblasen zu vertreiben und die Masse zu verdichten.*

Abb. 8   Überschüssiges Material ziehen Sie mit einem geraden Brett ab.

Das sehende Samuraischwert

Präsentation

Es ist »Tag der offenen Tür« an einer Schule.
Die Hauptattraktion des Nachmittags – ein Fakir und Feuer-
schlucker – erwartet die Schüler in der Turnhalle.
Gefragt sind vier Freiwillige, und die Kinder melden sich wie
wild. Jeder möchte gerne dabeisein. Doch der Fakir winkt ab:
»Ich brauche vier freiwillige, todesmutige Lehrer!«
Die Schüler lachen und kichern, und es werden erste Namen
gerufen. Namen von Lehrern, die die Schüler wohl gerne als
»Opfer« sehen würden.
Zögernd kommen zwei Herren nach vorne. Zwei weitere müs-
sen fast dazu gezwungen werden, doch schließlich siegen die
Schüler, die ihre Helden mit stürmischem Beifall auffordern,
mitzumachen.
Entsprechend den Anweisungen stellen sich die Lehrer in einer
Reihe auf, und die Assistentin drückt jedem der Herren eine
große Salatgurke in die Hand. Der Künstler demonstriert, wie
die Gurken zu halten sind (Abb. 1), und stellt sich dann hinter
die Männer.
Ein letzter kontrollierender Blick auf die Opfer (Abb. 2), und der
Fakir beginnt, sich seine Augen zu verbinden. Zunächst mit
einem dicken, zusammengerollten schwarzen Stofftuch, das
ihm seine Assistentin auf einem Tablett präsentiert (Abb. 3).
Dann stülpt er einen kleinen schwarzen Stoffsack über seinen

Kopf (Abb. 4), den er noch zubindet, um wirklich nicht mehr sehen zu können (Abb. 5).

Schritt für Schritt tastet sich der Künstler nun vorsichtig nach vorne und versucht mit leicht ausgestreckten Händen die Positionen der Lehrer zu finden. Erst die beiden zu seiner linken, dann die zwei auf der rechten Seite. Den vierten Mann verfehlt er knapp und droht gegen die Mauer der Halle zu laufen. An der eindeutigen Reaktion des amüsierten Publikums erkennt er aber seinen Fehler, geht drei Schritte zurück und findet schließlich auch den letzten seiner Freiwilligen.

Um die Zahl seiner Schritte und die entsprechenden Körperdrehungen nach links und rechts genau nachvollziehen zu können, begibt sich der Fakir rückwärts zu seiner Ausgangsposition, wo bereits seine Assistentin auf ihn wartet und ihm ein schwarzes Samuraischwert übergibt.

Mit weit nach oben gestreckten Armen zieht er es langsam aus der Scheide, die ihm seine Assistentin abnimmt (Abb. 6).

Geschmeidig wie ein japanischer Schwertkämpfer bewegt sich der Akteur flott von einer Person zur anderen und zerstückelt mit schnellen, präzisen Hieben nach und nach die Salatgurken in den Händen seiner Opfer (Abb. 7 und 8). Die Lehrer halten sich mäuschenstill, und die Schüler toben vor Begeisterung.

Mit Rückwärtsschritten wieder am Ausgangspunkt angelangt, öffnet der Fakir die Verschnürung um seinen Hals und reißt sich Stoffsack und Augenbinde vom Kopf. Er bedankt sich bei den Lehrern und den Schülern für den stürmischen Beifall.

⚠ Erklärung

Es ist absolut unmöglich, mit geschlossenen Augen etwas zu sehen. Das wissen wir alle. Um so erstaunlicher ist diese sensationelle Vorführung mit sogar mehrfach verbundenen Augen – so kann man wirklich nichts mehr sehen.

Wirklich? Was bringt uns dazu zu glauben, daß der Künstler während der Vorführung absolut blind ist?

Nun, da ist erst einmal die dicke schwarze Stoffbinde. Allein die schwarze Farbe vermittelt den Eindruck von Undurchsichtigkeit, und obendrein ist das Tuch in mehreren Lagen zusammengerollt. Was aber der Zuschauer nicht weiß und sieht: Das Tuch ist ein sehr dünnes, durch das der Magier sehr gut hindurchsehen kann, und es ist auf besondere Weise gerollt, damit trotz mehrfacher Faltung letztlich doch nur eine Stofflage über den Augen liegt und die Sicht so gewährleistet ist. Sie können das Tuch auf verschiedene Arten zusammenlegen.

Methode 1: Sie rollen es – von beiden gegenüberliegenden Zipfeln beginnend – gleichmäßig zur Mitte hin zusammen, bis schließlich ein kleiner, schmaler Spalt entsteht (Abb. 9). Im Bereich dieses Spaltes hat die Augenbinde nur eine Lage des Stoffes, und Sie können hindurchsehen. Bei Anbringen der Binde über den Augen runzeln Sie die Stirn so gut Sie können. Wenn Sie anschließend die Augen weit aufreißen, wird der Stoff gestrafft und so der Sehschlitz etwas auseinandergezogen.

Methode 2: Sie rollen das Tuch an einer der beiden Längsseiten beginnend zusammen, bis auf einen ca. 3 bis 4 Zentimeter breiten Streifen (Abb. 10). Beim Zubinden der Augen legen Sie den dicken Wulst des Tuches auf Höhe Ihrer Augenbrauen. So kommt die einzelne Stofflage genau über Ihren Augen zu liegen, und Sie behalten den nötigen Durchblick.

Ich selber bevorzuge Methode zwei. Bei der ersten Möglichkeit bildet sich nämlich eine Falte, die von außen sichtbar ist. Das könnte den Zuschauer veranlassen, an eine vorhandene Präparation zu denken. Außerdem kann es passieren, daß das Tuch nicht richtig sitzt und Sie wirklich nichts mehr sehen. Das wäre eine ziemlich verzwickte Situation, aus der Sie wahrscheinlich nur durch einen korrigierenden Griff an die Augen herauskommen. Doch was werden Ihre Zuschauer denken, wenn sie das sehen? Die zweite Methode vermeidet diese Nachteile.

Und dann der Stoffsack. Auch dieser ist schwarz und in einem Material, das so dünn ist, daß der Künstler hindurchsehen kann. Hinzu kommt der raffinierte Aufbau. Er ist doppelt genäht und hat zwei Öffnungen (Abb. 11). Wenn man in die eine Öffnung schlüpft, kann man wirklich nichts sehen, weil zwei Lagen Stoff übereinanderliegen – die innere ist sogar dicker als die äußere. So kann der Magier dem Publikum demonstrieren, daß der Sack absolut undurchsichtig ist. Wenn er sich selbst den Stoffsack überzieht, schlüpft er in die andere Öffnung. Mit nur einer Lage des dünnen Stoffes vor seinen Augen kann er bequem hindurchsehen.

Ein weiterer Punkt, der dem Zuschauer die Blindheit vorgaukelt, sind die Bewegungsabläufe des Zauberkünstlers, der so tun muß, als würde er mit verbundenen Augen wirklich nicht sehen: Vorsichtig tasten, als suche man in stockdunklem Zimmer nach dem Lichtschalter. Oder auch, wie bereits beschrieben, absichtlich an jemandem vorbeilaufen.

Während die Sicht durch einen einzigen dünnen Stoff noch relativ gut ist, haben wir mit Augenbinde und Sack allerdings zwei Lagen vorm Gesicht. Und da wird es schon recht mühsam, etwas zu erkennen. Bei diesem Trick kommt es deshalb zusätzlich auf die richtige Beleuchtung an.

Am besten geeignet ist Tageslicht. Achten Sie aber darauf, die Sonne immer im Rücken zu haben. Wenn Sie nämlich mit »verbundenen« Augen ins Gegenlicht blicken, werden Sie nichts mehr erkennen können außer vielen kleinen Lichtpunkten, die durch die Maschen des Stoffes strahlen. Wenn Sie bei Scheinwerferlicht arbeiten müssen, dann sollten Sie die Gegebenheiten vorher abklären und eventuell auch mit verbundenen Augen die Lichtverhältnisse prüfen.

Abb. 1
Der Magier demonstriert
die korrekte Haltung der
Salatgurken.

Abb. 2   Ein letzter
Blick auf die »Opfer« . . .

119

Abb. 3 ...*und der Zauberkünstler beginnt damit, sich die Augen zu verbinden.*

Abb. 4 *Schließlich zieht er sich noch einen schwarzen Stoffsack über den Kopf...*

120

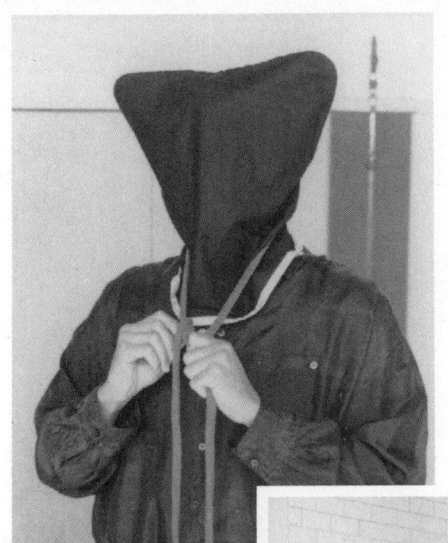

Abb. 5
... den er auch noch
zubindet, zum Beweis,
daß er auch wirklich
nichts mehr sehen kann.

Abb. 6
Das Samuraischwert.

Abb. 7   Geschickt bewegt er sich von einer Person zur anderen...

Abb. 8   ...und zerstückelt zielsicher die Salatgurken.

122

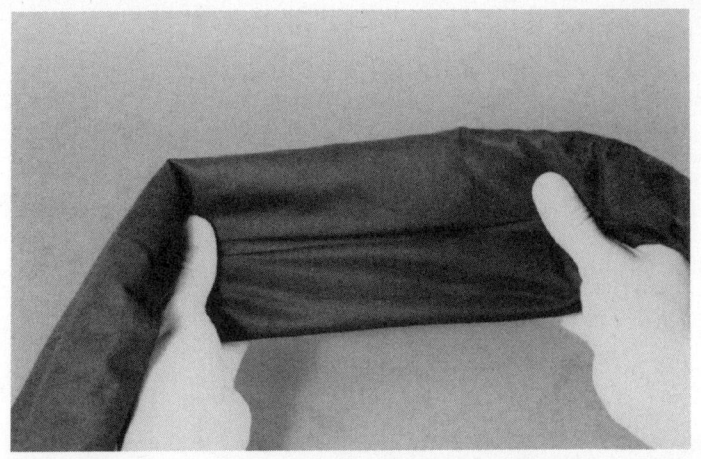

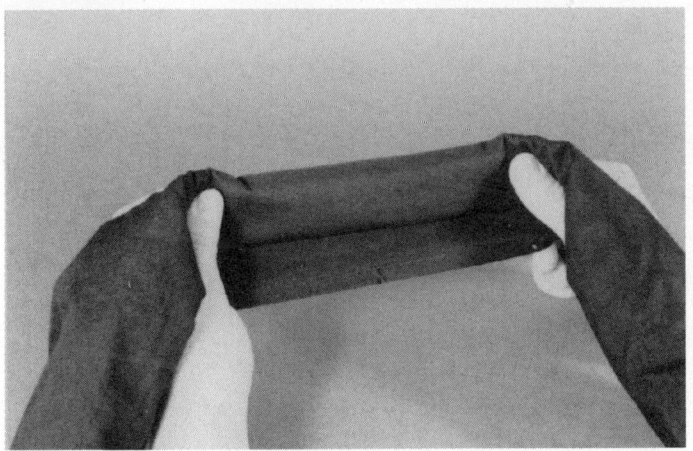

Abb. 9 Die Trick-Augenbinde. Methode 1: Rollen Sie das Tuch – an zwei gegenüberliegenden Zipfeln beginnend – gleichmäßig zur Mitte hin zusammen, bis schließlich ein kleiner, schmaler Spalt entsteht.

Abb. 10 Die Trick-Augenbinde. Methode 2: Sie rollen das Tuch an einer der beiden Längsseiten beginnend zusammen, bis auf einen ca. 3–4 cm breiten Streifen.

Abb. 11   Der doppelt genähte Stoffsack mit den beiden Öffnungen.

Der goldene Schuß

Präsentation

In grelles Scheinwerferlicht getaucht stehen Assistentin und Helfer auf der Bühne. Die Dame hält über ihrem Kopf eine Zielscheibe fest. Einige paar Meter seitlich der Mann mit einer gespannten und geladenen Armbrust.

Am Rand der Bühne sitzt der Magier auf einem Stuhl, mit dem Rücken zur Assistentin. Die zweite Assistentin bedeckt gerade seine Augen mit je einem mehrfach zusammengelegten weißen Tuch und fixiert die Binden mit kreuzweise darübergeklebtem Heftpflaster.

Die Augen des Zauberkünstlers sind fest bedeckt, die Assistentin hilft ihm auf und dreht ihn mehrfach um seine eigene Achse. Plötzlich bricht das Stück ab, und der Zauberer bleibt stehen. Er schwankt etwas, hat offensichtlich Probleme, das Gleichgewicht zu halten. Seine Assistentin führt ihn rückwärts zu der Dame mit der Zielscheibe. Drei Schritte noch, dann bleibt er stehen.

Der Mann mit der Armbrust tritt nach vorne und übergibt sie dem Magier. Der Illusionist legt sich die Waffe vorsichtig so auf die Schulter, daß der Schuß nach hinten losgeht (Abb. 1). Durch langsame Körperdrehungen findet der Zauberkünstler die genaue Schußposition.

Totenstille. Ein paar letzte korrigierende Schritte, und der Magier drückt ab. Mit lautem Schnalzen schnellt die Sehne des

Bogens den Pfeil ca. 20 cm über dem Kopf der Assistentin tief ins Holz der Zielscheibe. Ihr erleichtertes Lächeln zeigt, daß alles in Ordnung ist, und das Publikum applaudiert heftig.

⚠ *Erklärung*
Wer kann schon mit verbundenen Augen über seine Schultern nach hinten schießen und auch noch ins Ziel treffen? Auch in diesem Fall gelingt dies nur, weil ein raffinierter Trick dahintersteckt.

Lieben Sie Western-Filme? Mit Indianern, Soldaten und Cowboys und natürlich mit hitzigen Gefechten – Pfeil und Bogen gegen Revolver und Gewehre? Auch hier werden Pfeile verschossen, und auf der Leinwand ist oft in Großaufnahme zu sehen, wie sich die Pfeile in ihre Opfer bohren. Um das möglichst lebensnah zu gestalten, bedienen sich die Macher in den Hollywoodstudios eines einfachen Tricks. Die Schäfte dieser Pfeile sind innen hohl. Zwischen Abschuß- und Auftreffpunkt ist ein hauchdünner Draht gespannt, der durch den Pfeil hindurchläuft. Auf dieser für uns unsichtbaren Führung kann der Pfeil nicht anders, als treffsicher ins Ziel zu fliegen.

Statt eines Metalldrahtes kann auch Angelschnur aus festem Nylon verwendet werden. Diese raffinierte Vorrichtung benutzt auch unser Magier. Von der Armbrust läuft ein dünner Draht durch einen hohlen Pfeil (Abb. 2) hinüber zur hölzernen Zielscheibe (Abb. 3). Der Pfeil wurde vorher aufgefädelt und dann in die Waffe eingelegt. Wenn sich der Magier nun mit dem Rücken zur Assistentin dreht, die Armbrust auf seiner Schulter, dann braucht er dem Gerät nur den nötigen Spielraum lassen, und es wird sich mit Hilfe des gespannten Drahtes von selbst ausrichten und das vorgesehene Ziel anvisieren. Wichtig ist, daß sich die Assistentin dabei nicht von der Stelle bewegt und dem Zug des Drahtes genügend Widerstand bietet.

Damit der extrem dünne Draht nicht wegen ungewollter Licht-reflexionen zu sehen ist, findet das Kunststück vor einem me-tallig glitzernden Hintergrund statt. Dadurch verschwindet der Draht für unser Auge. Etwas kritischer wird es im Bereich der Zielscheibe. Der Hintergrund dort weist schwarze und weiße konzentrische Kreise auf. Um den Verlauf der Pfeilführung zu verschleiern, wurden auf der Zielscheibe mehrere feine Dekor-linien angebracht (Abb. 4). Unter diesen vielen Linien ist auch der Draht nicht mehr zu erkennen.

Ein wichtiges psychologisches Detail hat der Zauberer noch eingebaut. Es wäre schon sehr verdächtig und unglaubwürdig, wenn der Pfeil genau mitten ins Zentrum der Zielscheibe tref-fen würde. Dem Publikum käme sofort der Gedanke an eine Präparation. Wenn der Pfeil aber nicht so präzise trifft, wird die Sache glaubwürdiger und erweckt den Anschein, der Magier hätte diese Leistung wirklich vollbracht. Daher hat unser Ziel zusätzlich einen breiten schwarzen Rand, durch den der Draht geführt wird, um den Pfeil dorthin zu lenken (Abb. 4).

Die Wirkung dieser Vorstellung läßt sich noch steigern, wenn statt einer Armbrust drei verwendet werden, die übereinander montiert wurden, und die Pfeile in drei Zielscheiben oben, links und rechts des Kopfes der Assistentin in die Zielscheibe treffen.

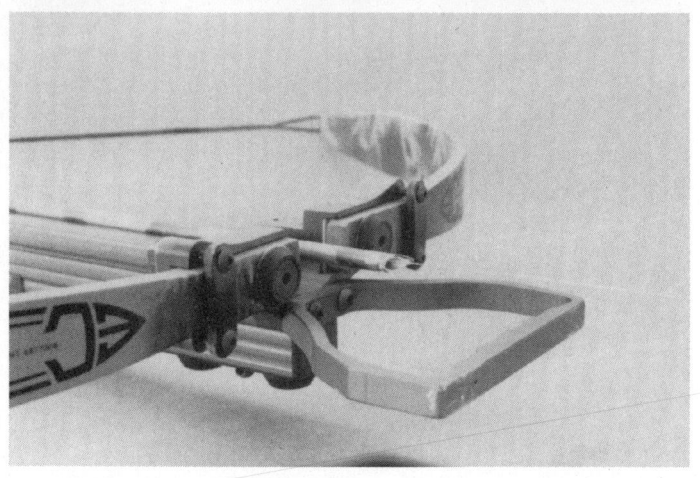

Abb. 1   Der Illusionist richtet vorsichtig die Waffe aus.

Abb. 2   Ein dünner Draht läuft durch einen hohlen Pfeil ...

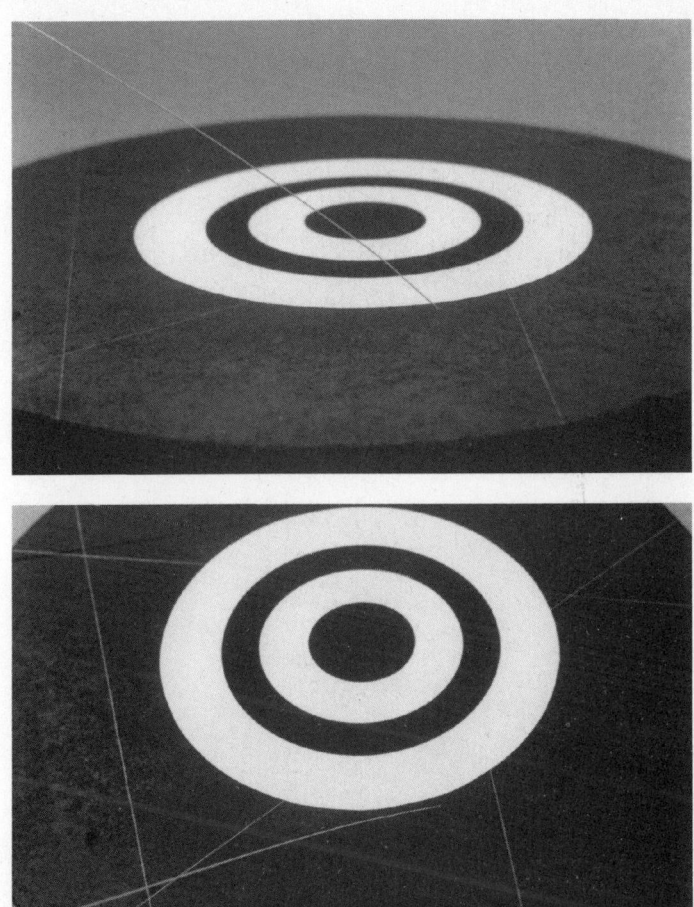

Abb. 3   ... bis zur hölzernen Zielscheibe.

Abb. 4   Um den Verlauf der Pfeilführung zu verschleiern, sind auf der Zielscheibe mehrere feine Dekorlinien angebracht.

129

3 Spiel mit dem Feuer

Viele von uns haben schon als Kleinkind die Erfahrung gemacht, daß Feuer sehr weh tut, wenn man mit ihm in Berührung kommt. Wenn Sie heute selbst Kinder haben, weisen Sie bestimmt auch Ihre lieben Kleinen mit einem panischen »Heiß!« auf die Gefahren der Flammen hin. Beobachten Sie ein kleines, unerfahrenes Kind vor einer brennenden Kerze. Trotz aller elterlichen Warnungen wird es versuchen, die Flamme zu berühren, und nicht eher damit aufhören, bis es die Folgen zu spüren bekommt und Tränen fließen. So hart es klingen mag, aber das ist ein Stück Lebenserfahrung, die jedes Kind gemacht haben muß, damit sich wirklicher Respekt vor diesem hellen, heißen, flackernden Etwas einstellt.

Ob Kind, Jugendlicher oder Erwachsener, Respekt und Faszination gegenüber dem Feuer bleiben. Und wer bewundert nicht den Zirkusartisten, der uns mit Feuer gerade die Dinge zeigt, die uns unsere Eltern immer verboten haben.

Brennende Fackeln werden in den Mund gesteckt, Flammen lodern auf der Haut, Fakire werden zu feuerspeienden Drachen. Das Feuer beherrschen – eine spektakuläre Kunst!

Die verschiedensten Feuerkunststücke bekommt man meist unter freiem Himmel zu sehen. Gaukler zeigen ihre Fähigkeiten auf Stadtfesten, bei historischen Schauspielen oder auch bei einer Grillparty. Mit etwas Mut, genauer Anleitung und der nötigen Vorsicht können Sie sich diese Fertigkeiten selber aneignen.

Die Fackeln

Fürs Feuerspucken, Feuerschlucken und für viele andere Feuerkunststücke benötigen wir entsprechende Fackeln. Bislang habe ich noch keine Quelle entdeckt, über die Fackeln speziell für unsere Zwecke zu beziehen wären – abgesehen von den Jonglierfackeln. Jene Fackeln aus Wachs zur Dekoration im Garten oder für die gemeinsame Nachtwanderung können wir nicht gebrauchen. Es bleibt uns nichts anderes übrig, als die Utensilien selbst zu bauen. Das ist nicht besonders schwierig, ist eine Fackel doch im Grunde nichts anderes als ein Stab, den wir an einem Ende mit saugfähigem Material umwickeln.

Geschickte Bastler können dabei ihrer Kreativität freien Lauf lassen. Als Anhaltspunkt beschreibe ich Ihnen meine Versionen und was bei Bau und Verwendung generell zu beachten ist. Meine Fackeln sind sicher und haben sich jahrelang bewährt. Besorgen Sie sich einen Metallspatel von ca. 25 cm Länge, ein Stück Rundholz (Durchmesser 2 cm) und einfachen Mullverband aus reiner Baumwolle (Abb. 1). Den Spatel bekommen Sie in Fachgeschäften für Laborbedarf, den Mullverband gibt's in Apotheken, Drogerien oder Sanitätshäusern, und geeignetes Rundholz finden Sie im Baumarkt.

Damit der Mullverband bei den ersten Wicklungen besser hält,
können Sie ein Ende des Spatels mit einer Eisenfeile aufrauhen.
Beginnen Sie dann damit, den Verband um dieses Spatelende zu
ziehen (Abb. 2). Halten Sie dabei mit dem Daumen das Ende der
Mullbinde fest – so lange, bis die erste Schicht nach mehreren
strengen Wicklungen nicht mehr verrutscht (Abb. 3).
Ziehen Sie den Verband sehr streng an (Abb. 4), aber geben Sie
acht, daß er dabei nicht reißt. Die Anzahl der Windungen hängt
davon ab, wie groß der Fackelkopf werden soll: Am Anfang
sollten Sie das Fackelende nicht zu groß wählen, weil dann
natürlich auch die Flammen größer werden. Für erste Übungs-
zwecke mit brennenden Fackeln wickeln Sie nur kleine Köpfe.
Achten Sie am Schluß auf sorgfältig ausgeführte Knoten. Legen
Sie immer mehrere Knoten hintereinander, und bilden Sie Mehr-
fachknoten, indem Sie den Verband öfter durch die Schlinge
führen als beim einfachen Knoten (Abb. 5). Ziehen Sie fest an
und schneiden den Überstand knapp am Fackelkopf ab (Abb. 6).
Wenn Sie größere Fackeln basteln und eine Verbandsrolle zur
Neige geht, beginnen Sie einfach mit einer neuen, aber erst,
nachdem Sie den Wickelvorgang mit korrekten Knoten abge-
schlossen haben.
Diese einfache kleine Fackel (Abb. 7) ist so schon einsatzbereit.
Wenn Sie wollen, können Sie noch einen Handgriff anbringen.
Ich habe dazu Rundhölzer verwendet, die ich an einem Ende
konisch zugeschliffen habe. Dann noch ein kleiner Schlitz in
der Mitte, und Sie können den Spatel mit Zwei-Komponenten-

Kleber befestigen (Abb. 8). Entfernen Sie überstehenden Klebstoff sofort, und lassen Sie den Kleber ein bis zwei Tage aushärten. Wenn Sie wollen, können Sie den Griff Ihrer Fackel noch farbig gestalten. Es sieht einfach besser und vor allem professioneller aus. Ich persönlich verwende dazu Silberspray.

Sie können Ihre Fackeln auch ganz aus Holz bauen. Das hat den Vorteil, daß es dann keine Metallteile gibt, die zum Teil sehr heiß werden. Der Nachteil ist jedoch, daß das Holz im Bereich des Mullverbandes nach und nach verkohlt. Dagegen hilft allerdings Aluminiumklebeband. Der sich darauf ablagernde Ruß läßt sich einfach abwischen.

Das Rundholz mit ca. 1 cm Durchmesser und ca. 40 cm Länge erhalten Sie u. a. im Baumarkt. Dochtmaterial werden Sie in verschiedenen Stärken am ehesten dort finden, wo es auch Petroleumlampen und Kerzen zu kaufen gibt. Verwenden Sie Lampendochte mit einer Breite von ca. 4 cm. Das Aluminiumband bekommen Sie ebenfalls in Baumärkten (Abb. 9).

Mit dem Aluminiumband umwickeln Sie das eine Ende des Holzstockes. Nehmen Sie es der Länge nach: ca. 20 cm abrollen und dann abschneiden. Legen Sie den Holzstab längs auf die Klebeseite der Folie, und rollen Sie die Enden ein (Abb. 10).

Mit einem Tacker befestigen Sie dann das eine Ende des Dochtmaterials (Abb. 11). Achten Sie dabei auf genügend Schußkraft, damit die Klammern auch tief in das Holz eindringen. Wickeln Sie den Docht streng um den Stock (Abb. 12), und schließen Sie mit zwei gleichmäßig plazierten Tackerklammern ab (Abb. 13). Fertig!

Abbildung 14 zeigt noch einmal Fackeln der beiden beschriebenen Bauarten. Mit der Zeit wird der Kopf Ihrer Fackel immer mehr verkohlen, weil das Baumwollmaterial immer weiter verbrennt. Diesen Vorgang können Sie aber verlangsamen, wenn Sie die Fackel vor dem Anzünden gut tränken und nicht ausbrennen lassen.

Prüfen Sie jedesmal, ob die Mullbinde noch festsitzt, und tauschen Sie sie auf jeden Fall rechtzeitig aus. Sonst kann es passieren, daß der Verband durchbrennt und glühende Fetzen davon in Ihren Mund fallen bzw. daß Sie die herabfallende Glut versehentlich inhalieren.

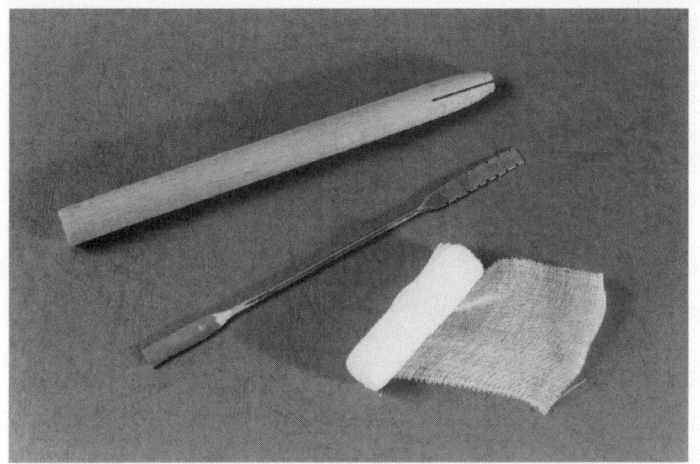

Abb. 1 Das Material für eine Fackel: Konisch geschliffenes Rundholz mit einem Schlitz, in den später der Spatel geklebt wird, Metallspatel, der an einem Ende mit einer Feile eingekerbt wurde, und Mullverband.

Abb. 2 Der Mullverband muß um das aufgerauhte Spatelende gewickelt werden.

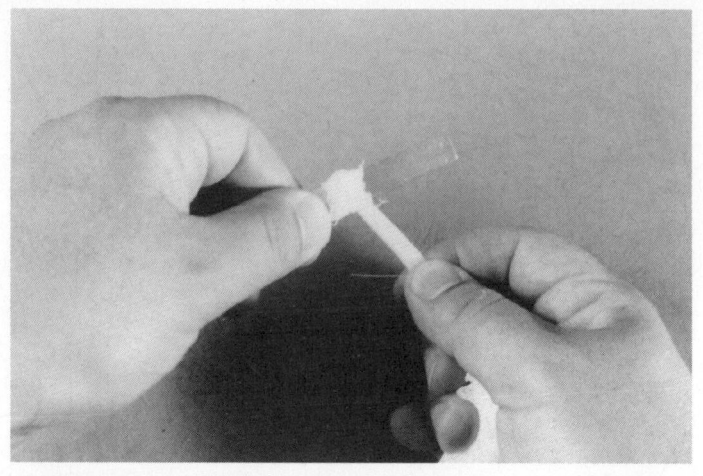

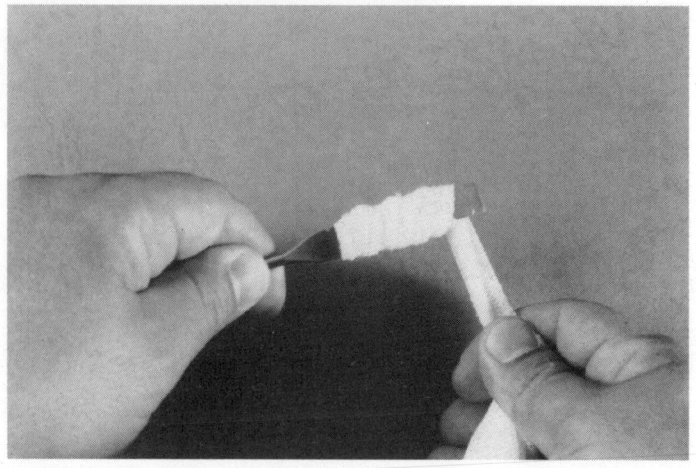

Abb. 3   Halten Sie mit dem Daumen das Ende der Mullbinde so lange fest, bis die erste Stofflage nach mehreren strengen Wicklungen nicht mehr verrutscht.

Abb. 4   Ziehen Sie den Mull sehr fest um das Metall.

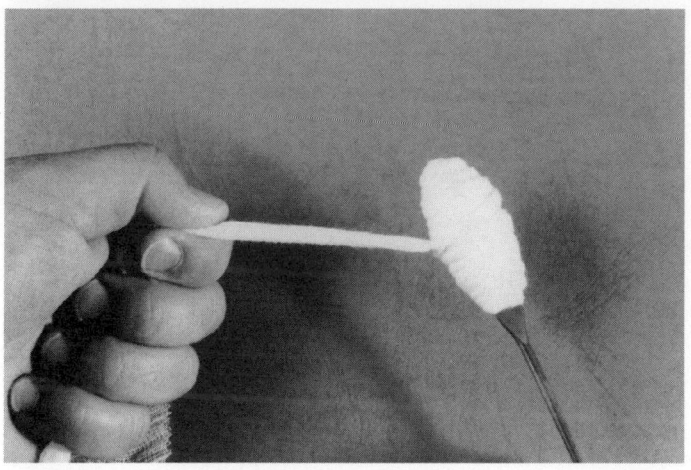

Abb. 5   Zum Schluß binden Sie mehrfach geschlungene Knoten...

Abb. 6   ...ziehen straff an und schneiden den überstehenden Verband knapp am Fackelkopf ab.

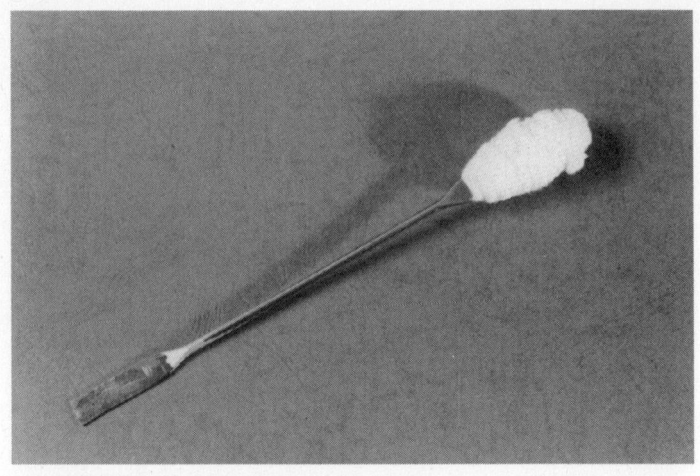

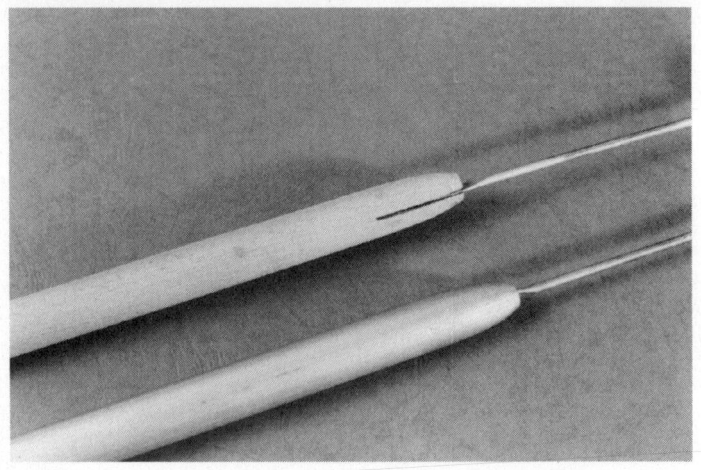

Abb. 7   Sie können diese einfache Fackel bereits verwenden...

Abb. 8   ...besser aber ist, wegen heiß werdender Metallteile, noch einen Griff anzubringen.

142

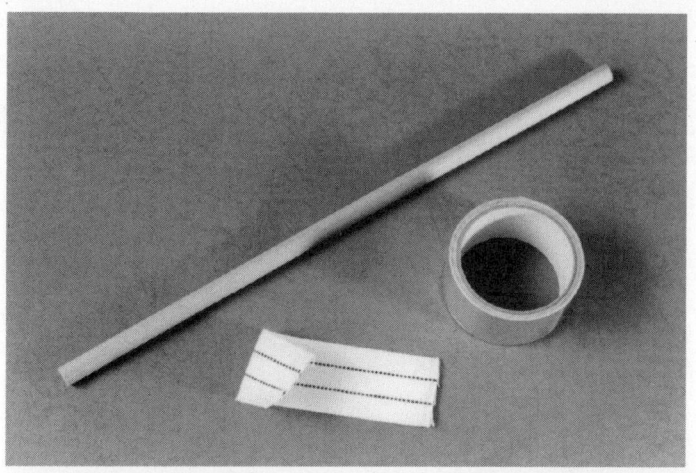

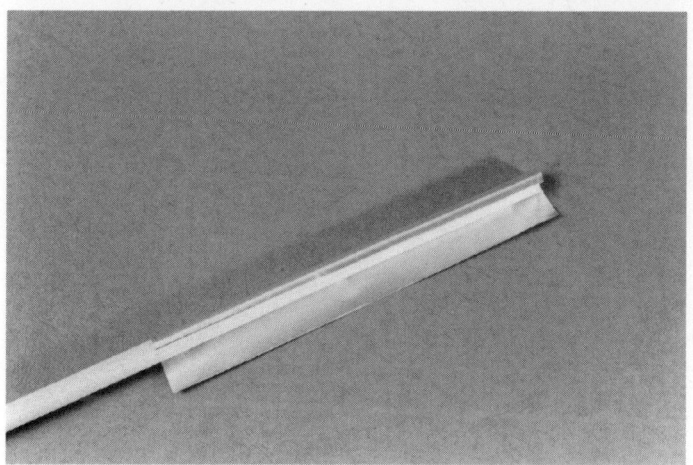

Abb. 9 Material für eine einfache Holzfackel. ein Holzstab von 1 cm Dicke und ca. 40 cm Länge, ein Lampendocht und Aluminiumklebeband (optional).

Abb. 10 Wickeln Sie das Aluband (ca. 20 cm) der Länge nach um den Holzstock.

143

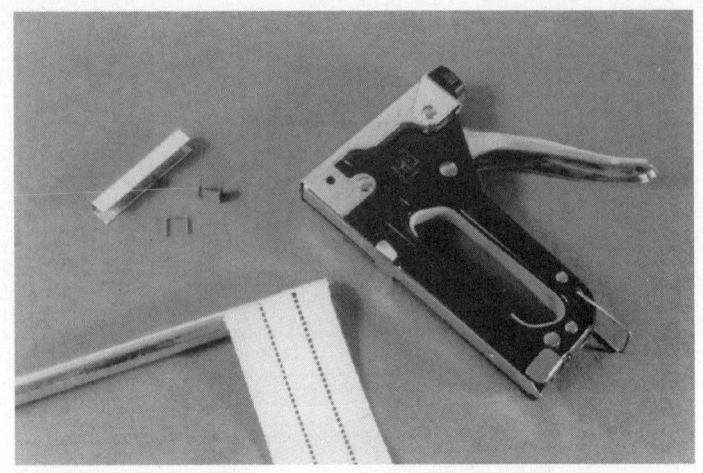

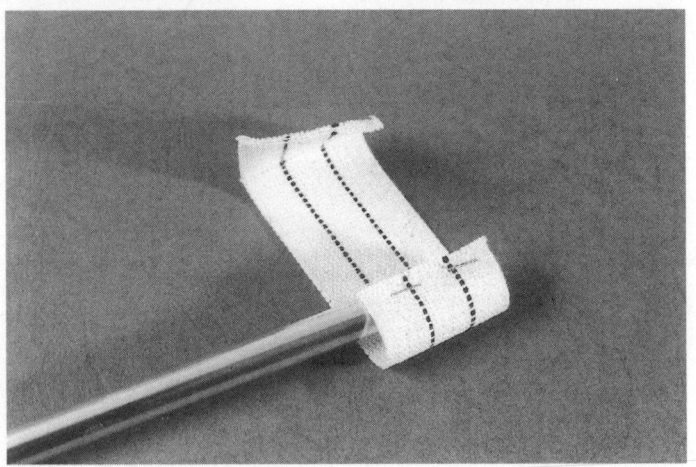

Abb. 11   Tackern Sie ein Ende des Dochtes fest.

Abb. 12   Den Lampendocht ziehen Sie straff um das Holz ...

144

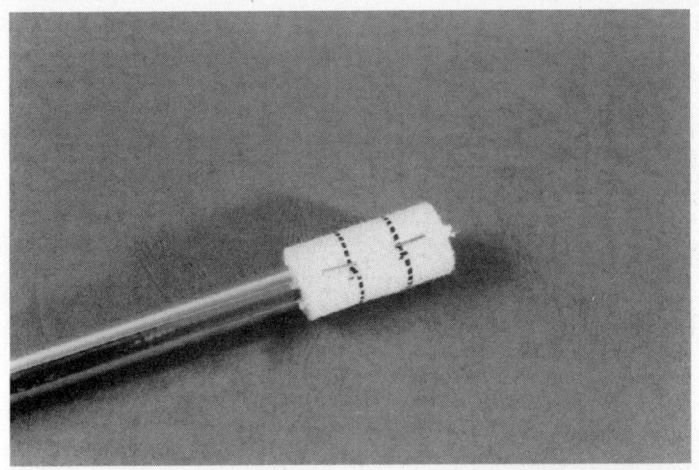

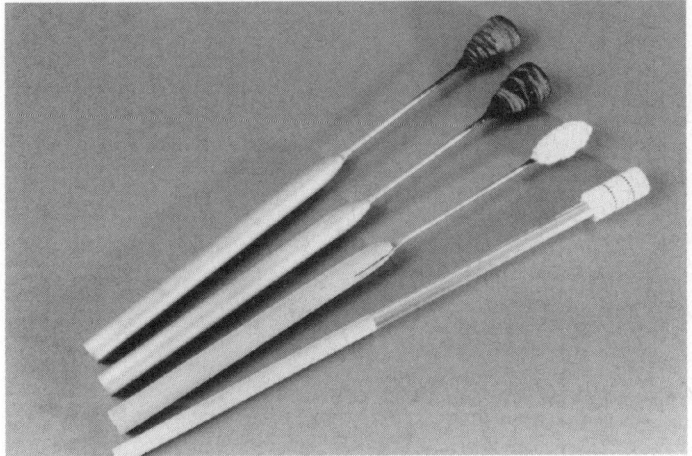

Abb. 13   ... und befestigen das Ende wiederum mit zwei Klammern.

Abb. 14   Die beiden verschiedenen Fackelmodelle. Ganz unten die einfache Holzfackel. Dann eine Fackel mit Metallstab. Der Griff wurde frisch montiert. Die beiden Fackeln oben haben silbrig lackierte Griffhölzer und wurden schon mehrfach benutzt.

Der Brennstoff

Je nachdem, was Sie mit Feuer vorführen wollen, benötigen Sie unterschiedliche Flüssigkeiten. Für Feuerfolter, Feuerschlucken und ähnliche Manipulationen wird Benzin verwendet. Fahren Sie jetzt allerdings nicht zur nächsten Tankstelle und zapfen eine Literflasche »Super bleifrei«. Benzin für unsere Zwecke bekommen wir nur in der Apotheke. Es ist gereinigtes Wundbenzin, das dort in braunen Glasflaschen an den Verbraucher abgegeben wird (Abb. 1).

Zum Feuerspucken dagegen eignet sich ausschließlich gereinigtes Paraffinöl, auch bekannt als Lampenöl. Daneben sind spezielle Mischungen erhältlich, die Sie verkaufsfertig als Feuerspuckflüssigkeiten über den Fachhandel beziehen können (Abb. 2). Bezugsquellen finden Sie im Anhang.

Diese beiden Brennstoffe, Benzin und Lampenöl, unterscheiden sich chemisch und physikalisch voneinander. Im Vergleich zum Paraffinöl ist Benzin um einiges flüchtiger, das heißt, es verdampft sehr rasch und ist vor allem höchst entzündlich. Wegen der äußerst leichten Entzündlichkeit sind beim Umgang mit Wundbenzin höchste Konzentration und Vorsicht oberstes Gebot, sonst besteht Verbrennungs- und Explosionsgefahr.

Aber auch das Lampenöl (Paraffinöl) ist gefährlich. Gefärbte und parfümierte Brennflüssigkeiten aus Dekorationslampen können für kleine Kinder lebensgefährlich sein. Schon weniger als ein Gramm kann beim Verschlucken zu schwersten Lungenschäden führen. Die Gefahr liegt jedoch nicht im Schlucken der Substanz, sondern in dem damit verbundenen versehentlichen Inhalieren der Flüssigkeit. Wegen der chemisch-physikalischen Eigenschaften (sehr niedrige Viskosität, geringe Oberflächenspannung und relativ niedriger Dampfdruck) kann das Lampenöl beim Verschlucken in die Atemwege hineinkriechen.

Erstes Symptom einer Ölvergiftung ist ein unmittelbarer, anhaltender starker Husten mit extremen Schmerzen beim Atmen. Es kann auch zu Krampfanfällen und Atemnot kommen. In solchen Fällen muß umgehend ein Arzt aufgesucht werden, denn es kommt zu einer akuten chemischen Pneumonie (Lungenentzündung). Der Arzt wird sofort mit einem Kortison-Lungenspray behandeln (gegen die Entzündung) und eventuell eine Injektion gegen die Schmerzen geben. Trotzdem können dauerhafte Schäden an der Lunge zurückbleiben.

Beim Verschlucken von Lampenöl darf auf keinen Fall Erbrechen herbeigeführt werden, da das Öl so erst recht in die Lunge eindringen kann. Das gilt ganz besonders für Kinder.

Mit dem 31. 12. 1998 wurde auf Initiative des Bundesministeriums für Gesundheit eine Richtlinie der Europäischen Kommission wirksam, die den Verkauf gefärbter oder mit Duftstoffen versehener Lampenöle in haushaltsüblichen Mengen EU-weit verbietet. Anlaß hierfür sind die immer wieder auftretenden schweren Vergiftungen bei Kleinkindern (1000 bis 1500 jährlich), die versucht haben, das farbige und fruchtig riechende Öl (oft aus den Lampen selbst) zu trinken.

Die farblosen und geruchsneutralen Lampenöle sind angeblich von dem Verbot nicht betroffen und weiterhin im Handel erhältlich. Die hier beschriebenen Gefahren gelten auch für das neutrale Öl und nicht nur für Kinder, sondern auch für den Feuerartisten.

Wichtig: Lagern Sie die Flüssigkeiten immer außerhalb der Reichweite für Kinder und in ihren Originalgefäßen, die darüber hinaus korrekt beschriftet sein müssen. Näheres hierzu im Kapitel über Gefahrenhinweise und Sicherheitsratschläge.

Zum sicheren Transport sind Metallgefäße geeignet, die Sie ebenfalls beschriften. Das Lampenöl ist auch in Kunststoffflaschen (siehe Laborbedarf) gut zu transportieren.
Für die Vorführung können Sie selbstverständlich dekorative Glasflaschen benutzen. Das Gefäß für Benzin muß aber verschließbar sein. Achten Sie auch auf weite Flaschenhälse, damit Sie mit dem Fackelkopf durch die Öffnung kommen, wenn Sie den Docht tränken wollen.

Keine gerade gebrauchten Fackeln im Benzingefäß tränken.
Die Fackeln müssen vollständig ausgekühlt sein.

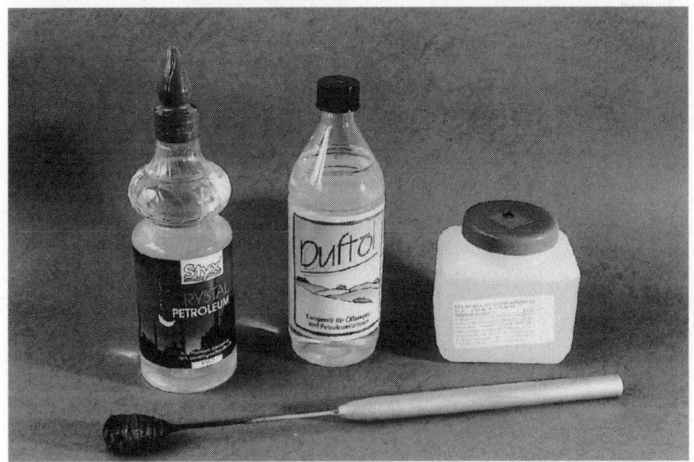

Abb. 1 Wundbenzin für Feuerfolter, Feuerschlucken und andere Manipulationen. Achtung: Nicht für Feuerspucken.

Abb. 2 Gereinigtes Paraffinöl (geruchsneutrales Lampenöl) fürs Feuerspucken oder spezielle Feuerspuckflüssigkeit aus dem Fachhandel.

Die Feuerfolter

Präsentation

Der Vorführende hält eine Fackel in seiner Hand und drückt diese kurz mit dem brennenden Ende auf verschiedene Stellen seines Körpers. Auf Unterarm, Handfläche, Bauch und sogar Zunge. Immer wenn er die Fackel wegnimmt, lodern Flammen auf der berührten Stelle für einen Moment weiter (Abb. 1).

Der Fakir tritt nun etwas näher ans Publikum. Fest preßt er die Fackel auf seine Handfläche und fährt dann ganz langsam seinen Unterarm hinauf. Die Leute im Publikum können deutlich sehen und riechen, wie die Armhaare verbrutzeln (Abb. 2).

Schließlich steckt er die immer noch brennende Fackel in seinen Mund und hält sie nur mit den Zähnen fest (Abb. 3).

Erklärung

Für den Effekt brennender Haut verwenden wir gereinigtes Benzin. Paraffinöl ist nicht geeignet. Nehmen Sie eine frische Fackel, also eine, daß Sie während der laufenden Vorführung noch nicht benutzt haben. Das ist eine grundsätzliche Regel, die Sie sich unbedingt einprägen und die zu befolgen sehr wichtig ist: Sie tauchen die Fackel in ein Gefäß mit Benzin. **Ein Fünkchen Glut am Docht wäre in dieser Situation fatal!** Lassen Sie den Fackelkopf gut vollsaugen. Sie erkennen das am Aufsteigen von kleinen Luftbläschen. Wenn sich keine Blasen mehr zeigen, ist der Docht voll. Verschließen Sie das Gefäß wieder, und entzünden Sie die Fackel an einer Feuerschale, an einer Kerze oder auch mit dem Feuerzeug, je nachdem, wie Sie das Kunststück präsentieren wollen. Achten Sie aber auf überschüssige heruntertropfende, brennende Flüssigkeit.

Wenn Sie nun den brennenden Fackelkopf z. B. kurz, aber fest auf Ihre Handfläche drücken, bleibt etwas Benzinüberschuß zurück und brennt für einen Augenblick weiter, nachdem Sie die Fackel wieder weggenommen haben. Keine Angst, das tut nicht sonderlich weh, und es gibt auch keine Brandblasen, denn dazu ist die Kontaktzeit mit den Flammen zu kurz. Außerdem steigt die Hitze nach oben.

Beginnen Sie mit kurzen, leichten Berührungen, damit Sie ein Gespür dafür entwickeln, wie weit Sie gehen dürfen, ohne sich zu verbrennen. Steigern Sie dann den Druck auf die Haut. Je mehr Sie pressen, um so mehr Benzin tritt aus dem Docht aus und um so schöner stehen die Flammen auf der Haut.

Es gibt Feuerkünstler, die sich vorher die Haut mit Feuchtigkeitscreme einschmieren oder eine wäßrige Lösung aus Alaun auftragen. Das Kristallpulver aus der Apotheke geben Sie einfach in 100 ml Wasser, und zwar so viel, bis sich nichts mehr löst und sich ein Bodensatz bildet. Sie können mit dieser Lösung z. B. Ihre Arme einstreichen. Nach dem Trocknen bleibt eine dünne Salzschicht auf der Haut zurück. Alaunkristalle speichern sehr viel Wasser, und beim Kontakt der beschichteten Haut mit dem Feuer soll das verdampfende Kristallwasser die Hitze besser ableiten. Das habe ich nie versucht, weil es nicht nötig ist. Die natürliche Feuchtigkeit und Festigkeit der Haut genügt, um uns vor Verbrennungen zu schützen Der Kontakt mit dem offenen Feuer ist hier viel zu kurz, als daß wir uns **ernsthaft** verletzen könnten.

Viel wichtiger ist: Passen Sie immer gut auf, und arbeiten Sie voll konzentriert. Vor allem, wenn Sie die Feuerfolter auf der Zunge ausprobieren. Es kann ja vorkommen, daß Sie sich doch leicht verbrennen. Wenn Sie sehr schreckhaft und empfindlich sind, werden Sie vielleicht zusammenzucken und dabei sogar hastig einatmen. Das kann dann zu ernsten Verletzungen der Atemwege führen. Also erst mit sehr kleinen Fackeln und kurzem, leichtem Hautkontakt beginnen und erst steigern, wenn Sie wirklich wissen, wie weit Sie gehen können.

Sehr dramatisch wirken die verbrennenden Haare bei der Unterarmfolter. Das sieht wirklich so aus, als würden Bratwürste auf dem Grill brutzeln. Der Kontakt mit der brennenden Fackel ist bei dieser Nummer länger als bei den oben beschriebenen Beispielen, und doch werden Sie sich auch hierbei nicht verletzen, wenn Sie nicht zu lange an ein und derselben Stelle verweilen. Auch hier gilt: Erst vorsichtig und langsam (das heißt in diesem Fall schneller auf der Haut entlangstreichen) beginnen und erst später die Geschwindigkeit der Bewegung entlang des Unterarmes verringern.

Aufpassen müssen Sie, wenn der Docht selbst zu glühen anfängt. Das geschieht immer dann, wenn der aufgesaugte Brennstoff verbraucht ist und die Fackel »trocken« brennt. Das kann zu schlimmen Brandblasen führen. Die Fackel muß also immer gut getränkt sein. Vermeiden Sie aber überschüssige herabtropfende Flüssigkeit.

Spektakulärer Höhepunkt ist das Halten des brennenden Fackelkopfes mit den Zähnen. Ich habe noch keinen passenden deutschen Ausdruck dafür gefunden. In Englisch sagt man dazu einfach »Teething«.

Holen Sie tief Luft, und neigen Sie Ihren Kopf weit nach hinten, bringen Sie die Fackel möglichst senkrecht in den Mund, und beißen Sie leicht in den aufgewickelten Mullverband. Atmen Sie dabei langsam, aber stetig durch den Mund aus. Je nachdem, wieviel Luft Sie in der Lunge haben, können Sie diese Position mehrere Sekunden beibehalten. Stecken Sie die Fackel aber nicht zu weit in den Mund. Es reicht, wenn Sie im ersten Drittel des Fackelkopfes zubeißen.

Übertreiben Sie es nicht. Drei bis fünf Sekunden sind durchaus genug.

Der Trick liegt darin, durch das Ausatmen die Hitze samt Flammen nach außen zu treiben, so gibt es keine Verbrennungen.

Achtung!
Konzentrieren Sie sich aufs Ausatmen. Niemals inhalieren! Versuchen Sie, Ihre Lippen so weit wie möglich von den Flammen wegzuziehen. Führen Sie Teething im Freien nur vor, wenn es absolut windstill ist.

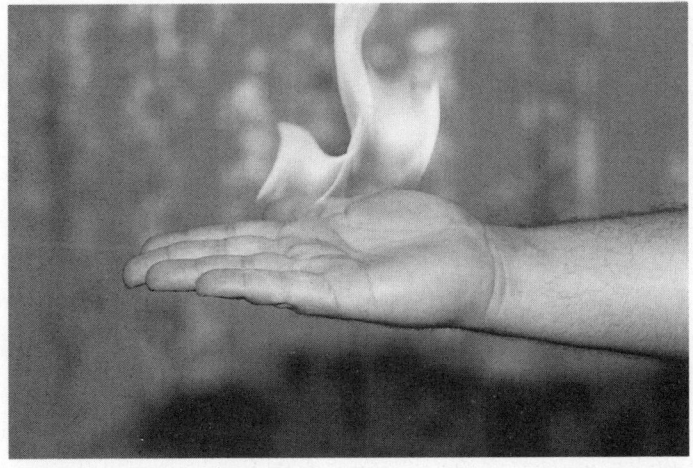

Abb. 1   Die brennende Hand.

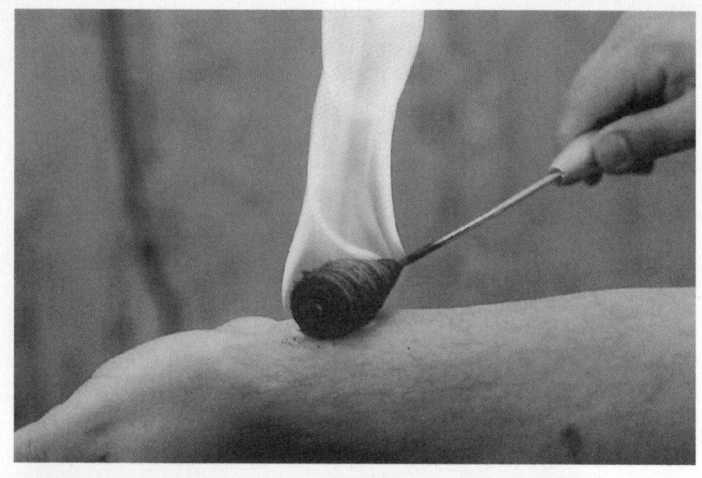

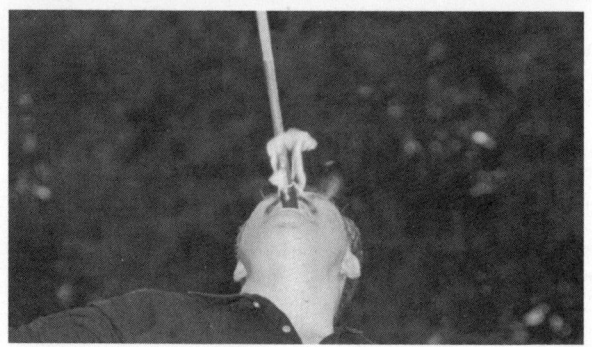

Abb. 2   Die Feuerfolter auf dem Unterarm.

Abb. 3   Teething, das Halten der brennenden Fackel mit den Zähnen.

Das Feuerschlucken

Präsentation

Gerade eben hat sich der Feuerkünstler die brennende Fackel auf Handflächen und Unterarme gedrückt, ohne sich dabei zu verletzten.

Jetzt legt er langsam seinen Kopf in den Nacken und öffnet den Mund. Er streckt seine Zunge heraus und streicht sich mit der brennenden Fackel darüber. Einmal, zweimal und noch ein drittes Mal, ohne dabei auch nur einmal zu zucken. Jedesmal bleiben Flammen auf seiner Zunge zurück, die er durch Schließen des Mundes anscheinend verschluckt.

Den Zuschauern ist diese Sache nicht ganz geheuer. *»Der muß sich doch all seine Geschmacksnerven verbrennen«*, hört man jemanden sagen, und eine Frau scherzt: *»Also den möchte ich nicht küssen!«* Die Leute lachen.

Zum Schluß löscht der Fakir das Feuer der brennenden Fackel mit seinem Mund.

⚠ *Erklärung*

Wenn Sie das Feuerschlucken in Ihrer Vorführung darauf beschränken, nur die brennende Fackel im Mund zu löschen, dann genügt es, als Brennstoff Paraffinöl zu benutzen. Wenn Sie aber das Kunststück mit dem Feuer auf der Zunge zeigen wollen, dann verwenden Sie Wundbenzin.

Um eine Fackel im Mund zu löschen, führen Sie sie möglichst vertikal in den Mund. Beginnen Sie mit einer möglichst kleinen Fackel, oder nehmen Sie für erste Versuche sogenannte Kaminhölzer. Das sind besonders lange und dicke Streichhölzer.

Schließen Sie Ihre Lippen nicht komplett um die Fackel. Sie könnten sich sonst Ihre Lippen an heißen Teilen der Fackel verbrennen. Auch dürfen Sie während des Vorgangs auf keinen Fall einatmen.

Anfangs dürfen Sie ruhig fest gegen die Flammen hauchen, um die Fackel zu löschen. Bei einer perfekten Vorführung darf das Publikum aber nicht merken, daß Sie die Flammen ausblasen. Es sollte so aussehen, als würden Sie das Feuer schlucken.

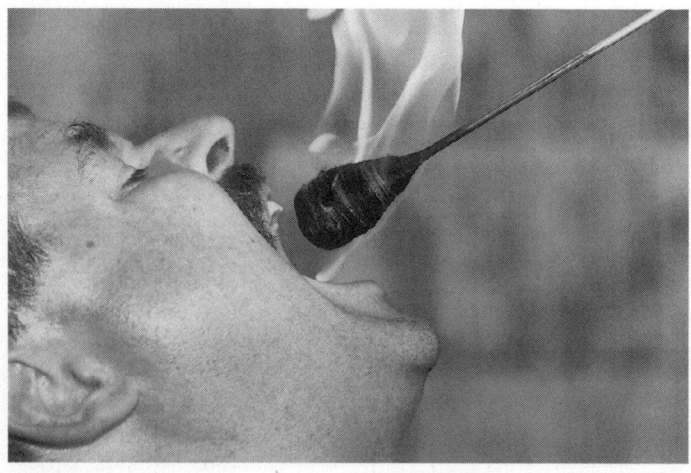

Die brennende Fackel wird mit dem Mund gelöscht.

Das Feuerspucken

Präsentation

Die absolute Sensation beim Spiel mit dem Feuer ist das Feuerspucken. Der Mensch als feuerspeiender Drache, Herrscher über das flammende Inferno.

Der Fakir nimmt einen kräftigen Schluck aus einer kleinen braunen Flasche. Er stellt das Gefäß wieder ab und trocknet seine Lippen mit einem Tuch.

Dann holt er mit weit ausgebreiteten Armen tief Luft und pustet mit hohem Druck schräg nach oben gegen eine brennende Fackel. Eine riesige, drei bis vier Meter hohe Feuersäule schießt aus seinem Mund und entfaltet sich am anderen Ende zu einem gigantischen Feuerball (Abb. 1 bis 4).

Erklärung

Wichtig beim Feuerspucken ist die richtige Flüssigkeit. Wie im Abschnitt über Brennstoffe bereits erwähnt, verwenden wir hierzu ausschließlich gereinigtes Paraffinöl oder spezielle Feuerspuckflüssigkeit aus dem Fachhandel.

Das Paraffinöl ist gar nicht so leicht zu entzünden. Versuchen Sie mal, ein paar Milliliter in einer feuerfesten Schale zum Brennen zu bringen. Es funktioniert nicht. Erst mit Hilfe eines Dochtes gelingt das. Nur so findet die Flamme genügend Sauerstoff.

Erhöhen wir jetzt die Sauerstoffzufuhr wesentlich, z. B. durch Vernebeln oder Versprühen des Öls, dann gibt es mit einer entsprechenden Zündquelle eine explosionsartige Verpuffung. Und das ist es, was wir brauchen.

Ein weiterer Punkt, den es zu beachten gilt, ist die Windrichtung. Sie können sich sicherlich vorstellen, was passiert, wenn Sie gegen den Wind spucken – Sie werden sich das Gesicht flambieren und die Haare bis auf die Wurzeln versengen. Also immer mit dem Wind spucken. Das gibt dann auch größere Flammen, weil der Luftzug das vernebelte Öl fortträgt.

Wie Sie während einer Vorstellung im Freien die Windrichtung feststellen können? Ganz einfach: Beobachten Sie die Flammen Ihrer brennenden Fackel.

Bevor Sie richtig Feuer spucken, üben Sie zunächst mit Wasser. Sie sollen dabei keinen scharfen Strahl abgeben wie eine Wasserpistole, sondern die Flüssigkeit möglichst fein versprühen (Abb. 5).

Bitten Sie einen Freund oder einen Bekannten, bei Ihren ersten Versuchen dabeizusein. Er soll für Ihre Sicherheit sorgen.

Halten Sie alles Brennbare fern und eine Löschdecke oder auch einen Feuerlöscher in greifbarer Nähe. Falls Sie einen Feuerlöscher benutzen müssen, vermeiden Sie es, direkt ins Gesicht zu sprühen. Nehmen Sie einen kleinen Schluck Paraffinöl (nicht schlucken!). Und pusten Sie kurz, aber so fest wie möglich gegen eine brennende Fackel. Wischen Sie sich zwischendurch mit einem Stofftuch überschüssiges Öl von den Lippen. Das Tuch können Sie auch während der Vorführung verwenden, um Ölreste im Mund loszuwerden. Wenn Sie später mehr Erfahrung haben, dann können Sie verschiedene Effekte erzielen, z. B. Feuerbälle durch kurzes, aber sehr kräftiges Verpusten einer größeren Brennstoffmenge. Oder aber eine Flammensäule von mehreren Metern Höhe durch langanhaltendes, intensives Verpusten.

Passen Sie gut auf in geschlossenen Räumen. Achten Sie auf leicht brennbare Dekorationen oder auch auf an der Decke installierte Rauchmelder.

Vorsicht!
Niemals im Freien feuerspucken, wenn der Wind zu stark weht.
Führen Sie niemals Manipulationen mit Feuer vor, wenn Sie Alkohol getrunken haben. Alkohol setzt die Hemmschwelle herab, und das kann dazu führen, daß Sie leichtsinnig und unkonzentriert handeln.
Schließen Sie die Augen beim Spucken.
Achten Sie auf genügend Abstand zu Ihrem Publikum und zu brennbaren Gegenständen. Halten Sie ein kleines, saugfähiges Tuch bereit, um nach dem Spucken den Mund abzutrocknen. Plazieren Sie einen Feuerlöscher in greifbarer Nähe.

Beachten Sie vor allem in geschlossenen Räumen, daß beim Feuerspucken nicht das gesamte vernebelte Öl verbrennt und der Rest zu Boden fällt. Das Öl verdunstet zwar mit der Zeit, und es bleiben auch keine Flecken zurück. Es besteht aber die Gefahr, darauf auszurutschen.
Ich selbst habe das Feuerspucken immer am Schluß einer Vorführung gezeigt. Mit ein Grund dafür war, daß man sich mit dem Öl ziemlich verschmutzt. Die Haut im Gesicht und im Bereich des Halses glänzt anschließend ölig-fettig, und Ihr Hemd wird auch unschöne Flecken aufweisen.

Abb. 1
Beim Feuerspucken
entsteht zunächst ein
kleiner Flammenball...

Abb. 2
...der jedoch sehr rasch
größer...

Abb. 3
... und größer wird ...

Abb. 4
... und sich schließlich
zu einem gigantischen
Feuerpilz entwickelt.

Abb. 5   Aus Sicherheitsgründen üben Sie das korrekte Vernebeln von Flüssigkeit erst mit Wasser.

Der brennende Daumen

Präsentation

Sie kennen die Filme von Dick und Doof? In einem spielt Stan gelangweilt mit seinem Daumen, läßt ihn mehrere Male nach oben schnippen (Abb. 1), und plötzlich brennt der Finger lichterloh (Abb. 2). Stan gerät dabei in Panik und bricht hilflos in Tränen aus. Doch Olli kommt zu Hilfe und kann das Feuer löschen.

Erklärung

Für dieses Kunststück benötigen Sie ein besonderes Gimmick (ein Hilfsmittel) und Wundbenzin. Dieses Zubehör gibt es zu kaufen, es ist allerdings sehr teuer (ca. 100 DM). Die Bezugsquelle finden Sie im Anhang.

Bevor Sie mit dem Gerät zu arbeiten beginnen, machen Sie sich mit seiner Handhabung vertraut. Es besteht aus einem hohlen Zylinder mit Schnappdeckel, einem Zündrad wie bei einem Gasfeuerzeug und einem Halter (Abb. 3).

»Tanken« Sie das Gimmick auf. Dazu öffnen Sie den Deckel und tränken die darin befindliche Watte mit dem Wundbenzin.

Nehmen Sie die am Zylinder angebrachte Halterung zwischen Zeige- und Ringfinger Ihrer rechten Hand (Abb. 4).

Nun können Sie mit dem Daumen den Schnappdeckel öffnen und die Daumenspitze mit dem Brennstoff benetzen (Abb. 5).

Passen Sie gut auf, daß Sie beim Benetzen des Daumens nicht zuviel Flüssigkeit erwischen. Das passiert zum Beispiel dann, wenn Sie mit dem Finger zu fest in das kleine Gefäß drücken. Dann läuft Benzin aus, und nach dem Zünden steht Ihre ganze Hand in Flammen. Achten Sie auch darauf, daß der Deckel des Gimmicks wieder fest zuklappt!

Betätigen Sie nun mit dem feuchten Daumen das Zündrad (Abb. 6), und Ihr Finger brennt wie in Abbildung 2. Keine Angst vor der Flamme auf Ihrem Daumen. Sie brennt nur kurz und erlischt, bevor es richtig weh tut.

Warten Sie mit dem Zünden nicht zu lange, da die Brennflüssigkeit ziemlich schnell verdampft.

Abb. 1
Mehrmals schnippt der
Daumen nach oben...

Abb. 2
...und plötzlich brennt
er lichterloh.

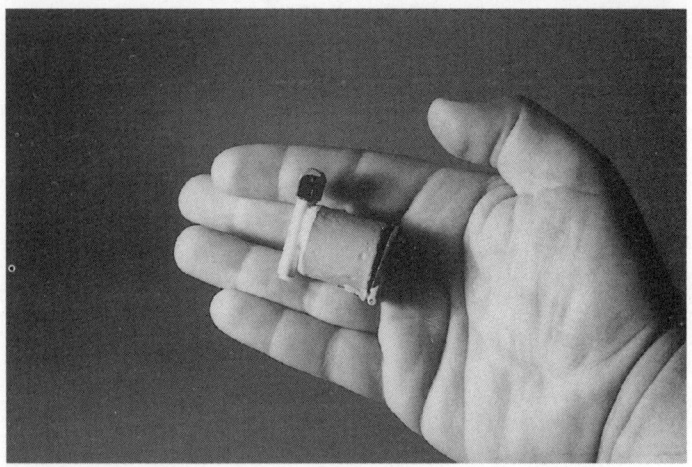

Abb. 3   Das Gimmick ist ein hohler Zylinder mit Schnappdeckel, einem Zündrad wie bei einem Gasfeuerzeug und einem Halter.

Abb. 4   Die Halterung fügt sich unauffällig zwischen Zeige- und Ringfinger Ihrer rechten Hand.

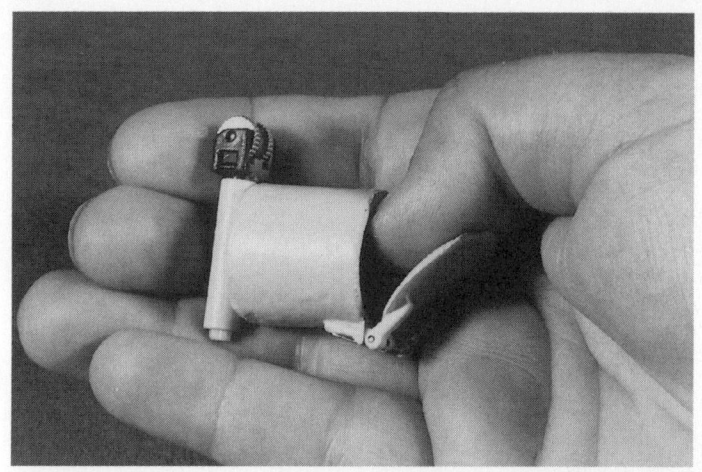

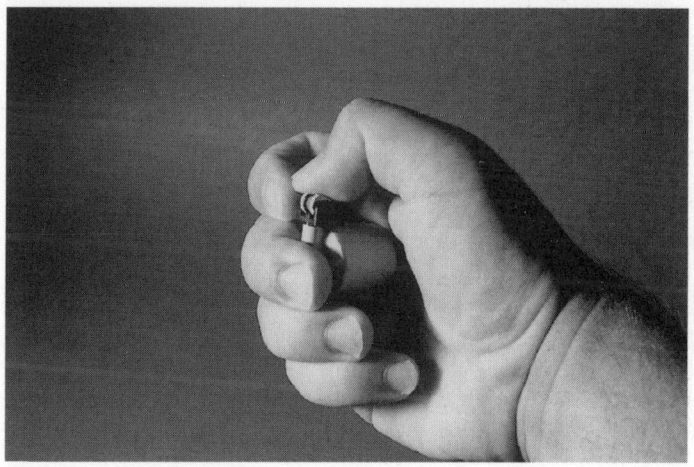

Abb. 5   Vor dem Publikum verborgen können Sie mit dem Daumen den Schnappdeckel öffnen und die Daumenspitze mit dem Brennstoff benetzen.

Abb. 6   Betätigen Sie mit dem angefeuchteten Daumen das Zündrad.

Eine brennende Kerze essen

Präsentation

»Sie kennen sicherlich alle die verschiedenen Methoden, eine brennende Kerze zu löschen?«
Der Zauberer holt eine kleine Kerze aus der einen und ein Feuerzeug aus der anderen Jackentasche und fährt fort: *»Ausblasen geht am einfachsten. Allerdings raucht der Docht oft ziemlich stark. Um das zu vermeiden, können Sie Ihre Fingerspitzen anfeuchten und dann durch Zusammendrücken des Dochtes die Flamme ersticken. Aber haben Sie das schon einmal gesehen?«*
Der Zauberkünstler zündet die kleine Kerze an und wartet kurz, bis der Docht richtig brennt (Abb. 1). Dann beißt er plötzlich das brennende Ende der Kerze ab (Abb. 2). Es scheint ihm zu schmecken, denn er kaut genüßlich auf dem heißen Wachsstummel, schluckt und ißt schließlich die ganze Kerze auf.

⚠ *Erklärung*

Damit wir uns bei dieser Nummer nicht den Magen verderben, haben wir uns eine Spezialkerze angefertigt. Die besteht aus folgenden Zutaten: Marzipanmasse, Zuckerguß und einem Mandelsplitter als Docht (Abb. 3).
Nehmen Sie sich einen Kerzenstummel als Vorlage, und modellieren Sie aus einem Stück Marzipanmasse den Kern des Kerzenimitats (Abb. 4). Das frisch aus der Packung entnommene Mar-

zipan ist relativ weich. Daher lassen wir das geformte Stück ein paar Tage an der Luft trocknen. Das verleiht der »Kerze« die nötige Stabilität.

Nach dem Antrocken stellen Sie sich aus Puderzucker und Wasser einen dicken Brei her. Stechen Sie einen hölzernen Schaschlikspieß von oben in den Kerzenrohling, und bestreichen Sie ihn mit dem vorbereiteten Zuckerguß (Abb. 5). Drehen Sie die Kerze ab und zu, damit sich die Zuckerhülle gleichmäßig verteilen kann.

Wenn der Zuckermantel trocken ist, entfernen Sie den Holzspieß. Nun brauchen wir noch einen Docht. Aus einer Packung Mandelstifte suchen Sie sich ein möglichst langes Mandelstück und schneiden mit einem scharfen Messer überstehende Ecken und Kanten ab. Das ist unser Docht, und den stecken Sie nun in das Loch, das durch den Schaschlikspieß entstanden ist.

Um dem Kerzendouble den letzten Schliff zu geben, zünden Sie das Mandelstück an, blasen die Flamme aber gleich wieder aus. Dadurch verkohlt der »Docht« etwas, und mit ein bißchen Geschick und bastlerischem Talent haben Sie ein kleines Kunstwerk geschaffen, das von seinem Original selbst auf kürzeste Entfernung kaum zu unterscheiden ist (Abb. 6).

Das in Mandeln enthaltene Öl reicht aus, damit das Dochtimitat eine Zeitlang brennt. Sie können von dieser brennenden Kerze gefahrlos abbeißen. Beginnen Sie aber unverzüglich und fest zu kauen. Die Feuchtigkeit im Mund genügt, die kleine Flamme sofort zu löschen, ohne daß Sie sich dabei verbrennen. Achten Sie darauf, beim Zubeißen auszuatmen. Wenn Sie das dann noch durch den Mund tun, erlischt die Flamme, bevor Sie in Kontakt mit der Mundschleimhaut kommt. Übrigens: Wenn Sie von einer echten Kerze abbeißen würden, könnten Sie mit Ihren Zähnen zwar das Wachs durchtrennen, aber nicht den Docht.

Abb. 1   Der Künstler zündet eine Kerze an und wartet, bis der Docht richtig brennt.

Abb. 2   Dann beißt er das brennende Ende der Kerze ab.

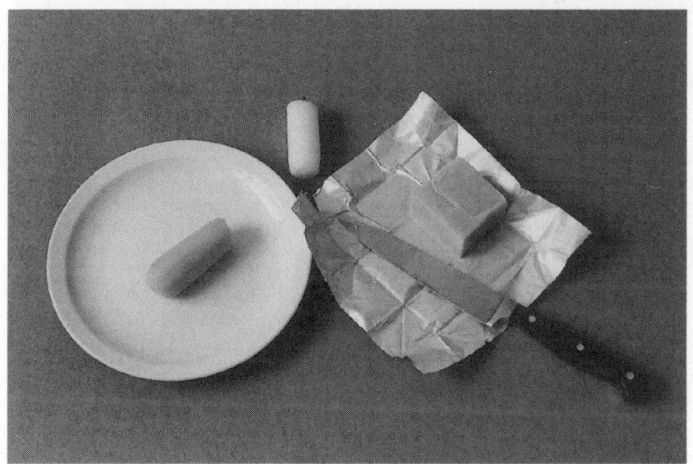

Abb. 3   Die Zutaten für eine Kerzennachbildung: Marzipanrohmasse,
Puderzucker und Mandelsplitter.

Abb. 4   Nehmen Sie einen echten Kerzenstummel als Vorlage, und
modellieren Sie danach aus einem Stück Marzipan das Imitat.

*Abb. 5   Nach dem Trocknen überziehen Sie den Kerzenrohling mit
Zuckerguß.*

*Abb. 6   Das Kerzenimitat sieht selbst aus kürzester Entfernung absolut
echt aus.*

172

Eine brennende Zigarette essen

Präsentation

Wir sind auf einer Geburtstagsfeier eingeladen, und zur Überraschung für Gäste und Jubilar wurde ein Zauberkünstler engagiert. Es ist ganz still im Raum. *»Meine Damen und Herren«*, beginnt der Künstler und macht eine kurze Pause. Er zieht eine Zigarette aus seinem Jackett, bricht einen Teil davon ab und fährt fort:

»Sie alle wissen, wie gesundheitsschädlich das Rauchen ist. Immer wieder werden wir auf die Gefahren hingewiesen. Und doch gibt es Menschen, die das einfach ignorieren und so ihr Leben aufs Spiel setzen.«

Im Raum befinden sich einige Raucher, die gerade genüßlich an ihren Glimmstengeln nuckeln. Der Magier fixiert diese Leute mit scharfem Blick.

»Ich selbst bin leidenschaftlicher Nichtraucher, und ich muß leider dem Veranstalter dieser Feier mitteilen, daß er zusätzlich zu meiner Gage einen Risikozuschlag bezahlen muß, weil mich dieses Passivrauchen mindestens zwei Jahre meines Lebens kosten wird.«

Plötzlich muß er leicht hüsteln. Doch daraus entwickelt sich schnell ein heftiger Hustenanfall.

»Seien Sie doch vernünftig, und hören Sie endlich auf, diesen schädlichen, nikotingeschwängerten Rauch in Ihre Lunge zu saugen. Glauben Sie mir, Sie liegen völlig falsch, wenn Sie

*meinen, daß der einzige Weg, der zu Ihrer Lunge führt, auch
geteert sein muß.*

*Ich schlage Ihnen vor: Rauchen Sie Ihre Zigarette nicht, sondern
essen Sie sie. Das Bundesgesundheitsamt warnt zwar vor dem
Rauchen, aber nicht vor dem Essen von Zigaretten. Daraus schließen wir, daß es absolut unschädlich ist, Zigaretten zu essen.«*

Er steckt sich die Zigarette zwischen die Lippen und bittet einen
Gast um Feuer. Er zieht dann mehrmals kräftig, bis sich eine
schöne Glut entwickelt hat. Dann öffnet er plötzlich seinen
Mund, der Zigarettenstummel kippt nach hinten, verschwindet
im Mund, und die Lippen schließen sich. Der Zauberer verharrt
kurz und läßt dann die immer noch glühende Kippe wieder
erscheinen, um nochmals mit einem kräftigen Zug die Glut zu
schüren.

Schließlich läßt er die Zigarette wieder in seinem Mund verschwinden, kaut kurz auf dem heißen Stummel rum und verschluckt die Mischung aus Tabak und Papier. Er zeigt seinen
leeren Mund vor. Alles, was die Zuschauer sehen können, ist
eine dunkelgraue Aschenspur auf der herausgestreckten Zunge.

⚠️ *Erklärung*
Und so wird's gemacht: Brechen Sie eine Ziga-
rette – egal, welche Marke, ob mit oder ohne Filter – ungefähr in
der Mitte auseinander. Die eine Hälfte zünden Sie an. Ziehen Sie
ein paarmal kräftig daran, damit das Ende schön glüht. Pressen
Sie nun mit Ihrer Zungenspitze die Kippe gegen Ihre Unterlippe
(Abb. 1), und klappen Sie so das Zigarettenstück nach hinten in
Ihren Mund (Abb. 2). Sie können jetzt den Mund schließen. Ach-
ten Sie darauf, daß das glühende Ende dabei nicht auf Ihre
Zunge drückt. Üben Sie das vorher mit einer kalten Kippe.

Wenn Sie nach ein paar Sekunden den Mund wieder öffnen und
den Glimmstengel zum Vorschein bringen, wird er immer noch

glühen. Zum Beweis dafür ziehen Sie nochmals daran. Dann wiederholen Sie den Vorgang. Sobald Sie die Zigarette im Mund haben, beginnen Sie, sie mit der Zunge hin und her zu wälzen. Täuschen Sie zugleich kräftige Kaubewegungen vor (Abb. 3). So erlischt die Glut, und Sie können die Kippe jetzt mit der Zunge in eine Backentasche schieben (siehe auch »Rasierklingen essen«). Wenn Sie nun Ihren Mund öffnen und Ihre Zunge herausstrecken, dann sehen die Zuschauer nur noch eine schwarze Aschenspur auf der Zungenoberfläche (Abb. 4). Die Zigarette ist verschwunden.

Die Glut erlischt ziemlich schnell, wenn das glimmende Ende mit der feuchten Mundschleimhaut in Berührung kommt, und wenn Sie es geschickt anstellen, werden Sie sich auch nicht dabei verbrennen.

Wichtig: Nicht mehr schlucken, sobald Sie die Kippe »gegessen« haben. Mit ein bißchen Übung läßt sich das problemlos schaffen, auch wenn sich viel Speichel bildet. Sie können mit der Zigarette in der Backentasche auch relativ normal sprechen und müssen nur noch einen geeigneten Moment abwarten, um die Tabakreste unauffällig loszuwerden. Spucken Sie mehrmals aus und spülen mit Wasser oder Bier nach.

Abb. 1   Die Zunge drückt die Zigarette gegen die Unterlippe...

Abb. 2   ...und klappt die Kippe nach innen in den Mund.

Abb. 3   Kräftige Kaubewegungen vertuschen, wie Sie die Zigarette unauffällig in eine Backentasche schieben.

Abb. 4   Zeigen Sie anschließend Ihren Mund leer. Bis auf eine schwarze Aschenspur ist die Kippe verschwunden.

Das feuerfeste Taschentuch

Präsentation

Der Zauberkünstler bittet eine Dame aus dem Publikum zu sich auf die Bühne und fragt sie nach einem sauberen Stofftaschentuch. Dann blickt er ihr tief in die Augen und sagt: *»Glauben Sie an Magie?«*

Die Frau lächelt und nickt.

»Glauben Sie an die Magie des Feuers?«

Die Dame nickt wieder.

Fast auf Tuchfühlung und mit seinem charmantesten Lächeln fragt er: *»Geben Sie mir Ihre Telefonnummer?«* Dabei legt er seinen Kopf leicht zur Seite und schaut treu ergeben wie ein Dackel. Trotzdem verrät die Dame ihre Nummer nicht. *»Na ja, zum Trost habe ich ja Ihr Taschentuch. Das ist doch Ihr Taschentuch?«* fragt er.

»Ja!« bestätigt die Frau.

»Aber wir haben nichts abgesprochen?« fragt der Magier.

»Nein, haben wir nicht!« antwortet die Dame aus dem Publikum.

»Gut! Nehmen Sie bitte diese Grillzange, und halten Sie damit Ihr Taschentuch fest.« Er drückt der Frau eine metallene Zange in die Hand.

Inzwischen hat eine Assistentin einen großen Cognac-Schwenker gebracht. Eine klare Flüssigkeit befindet sich darin, an der der Zauberkünstler kurz nippt.

»Mmhhh!« schwärmt er genüßlich.

»Tauchen Sie bitte jetzt Ihr Taschentuch ein!« Er hält ihr das Glas entgegen, und die Dame befolgt seine Anweisung.

»So, jetzt schön festhalten!« ruft der Magier und greift sicherheitshalber mit an die Zange. Dann holt er ein Feuerzeug aus seiner Jackentasche und setzt das Taschentuch in Brand.

Die Frau aus dem Publikum weicht entsetzt zurück, und der Magier grinst spitzbübisch.

Das Taschentuch brennt inzwischen lichterloh, doch nur kurz, und das Feuer erlischt dann.

Der Zauberer nimmt das Taschentuch in die Hand und breitet es aus. Es zeigt keinerlei Brandspuren und ist absolut unversehrt und schneeweiß wie vorher. Es sieht nur etwas feucht aus.

Eine Assistentin hält eine kleine goldene Schatulle bereit, in der der Magier das Tuch legt und so der Frau überreicht.

⚠️ Erklärung

Wir benötigen ein Stofftuch, einen halben Liter ca. 60%igen Alkohol, einen viertel Teelöffel Kochsalz und eine Grillzange.

Das Salz lösen wir in dem Alkohol, und schon sind wir für die Vorführung bereit. Das Tuch wird einfach mit der Brennflüssigkeit getränkt und dann angezündet (Abb. 1). Der Wassergehalt der Alkohollösung verhindert, daß das Taschentuch verbrennt. Die Flamme erlischt, bevor sie dem Stofftuch schaden kann.

Leider hat Alkohol den Nachteil, daß seine bläuliche Flamme bei Tageslicht kaum zu sehen ist. Daher setzen wir der Flüssigkeit etwas Kochsalz zu. Das darin enthaltene Natrium färbt die Flammen gelb (siehe auch das Kapitel über *»Pyrotechnik«*).

Das brennende Taschentuch.

Der Fingerblitz

Präsentation

Ein paar Leute sitzen am Tisch zusammen und lauschen gespannt den Worten eines Zauberkünstlers. Der fragt gerade, ob jemand weiß, woher die Worte »Gedankenblitz« oder »Geistesblitz« kommen.

Einer am Tisch meint, daß es sich dabei um spontane Eingebungen handelt, und der Zauberer hakt gleich ein: *»Das ist absolut richtig. Geistesblitze sind quasi Ideen, die so überraschend und unerwartet kommen wie Blitze aus heiterem Himmel.«*

Er blickt in die Runde: *»Sie haben sicherlich auch schon beobachtet, daß Menschen bei so einer plötzlichen Eingebung – einem Geistesblitz – mit den Fingern schnippen. Etwa so«*, und es schnalzt, als er zur Unterstreichung seiner Ausführungen das Fingerschnippen demonstriert.

Es ist still am Tisch. Dann flüstert er: *»Und jetzt will ich Ihnen zeigen, was ein magischer Geistesblitz ist.«*

Ganz bedächtig stellt er eine weiße Kerze vor sich auf. Er hält eine Hand über den Docht, und an seinem Gesichtsausdruck ist abzulesen, daß er sich schwer konzentriert.

Plötzlich schnippt er mit seinen Fingern über dem Kerzendocht, und mit leichtem Knall schießt eine Stichflamme aus seinen Fingern, die die Kerze entzündet.

⚠️ *Erklärung*

Für diesen Trick benötigen Sie zwei Chemikalien: Kaliumchlorat und roten Phosphor (Abb. 1).

Achten Sie darauf, daß der Phosphor absolut trocken ist. Roter Phosphor oxidiert bei feuchter Lagerung langsam zu hygroskopischem Tetraphosphordecaoxid. Dabei entsteht auch Phosphorsäure, so daß er im Laufe der Zeit feucht wird.

Feucht gewordenen Phosphor können Sie wieder aufbereiten. Rühren Sie das rote Pulver in destilliertes Wasser ein, und filtrieren Sie die Mischung anschließend. Phospor löst sich nicht in Wasser, aber die Säure wird ausgewaschen. Den im Filter verbleibenden pulverförmigen Rückstand trocknen Sie dann an der Luft oder besser noch in einem weiten Schraubglas mit einem Trockenmittel (z. B. Kieselgel oder Calciumchlorid).

Zu unserem Kunststück: Geben Sie eine stecknadelgroße Portion Phosphor auf eine glatte Unterlage und in einigem Abstand (10 bis 15 cm) einen halben Teelöffel voll Kaliumchlorat. Drücken Sie Ihren Daumen satt und fest in das Kaliumchlorat (weißes Pulver), so daß möglichst viel davon am Finger haftenbleibt. Ihren trockenen Mittelfinger drücken Sie auf den Phosphor (rotes Pulver). Pressen Sie nun Mittelfinger und Daumen fest zusammen, und schnippen Sie. Es entsteht ein kleiner Blitz mit einem leichten Knall.

Achtung!
Eine zu geringe Menge an Kaliumchlorat bzw. zu große Menge an rotem Phosphor oder gar feucht gewordener Phosphor ergibt eine unvollständige Verbrennung. Das hat zur Folge, daß der Phosphor mit dem Sauerstoff aus der Luft auf der Haut weiterbrennt und schwer heilende Brandwunden entstehen können.

Achtung!
Versuchen Sie niemals, roten Phosphor und Kaliumchlorat zu mischen. Wenn Sie diese beiden Substanzen zusammenbringen, genügt schon die kleinste Erschütterung, um eine schwere Explosion auszulösen. Beachten Sie die R- und S-Sätze (siehe Kapitel »Umgang mit Chemikalien«)!

Um einen Fingerblitz zu erzeugen, gibt es im Fachhandel auch spezielle Geräte, die ähnlich aufgebaut sind wie das für den brennenden Daumen. Nur ist dieses Gimmick viel kleiner, hat keinen Deckel, und es wird hier kein Benzin, sondern Pyropapier verwendet, das über ein Zündrad in Brand gesetzt wird und blitzartig verpufft.

Wenn Sie mit dem Fingerblitz eine Fackel entzünden wollen, so ist diese mit Wundbenzin zu tränken. Lampenöl ist nicht geeignet (siehe auch »Der Brennstoff«).

Um eine Kerze mit dem Fingerblitz entzünden zu können, müssen Sie den Docht vorher mit Pyropapier umwickeln.

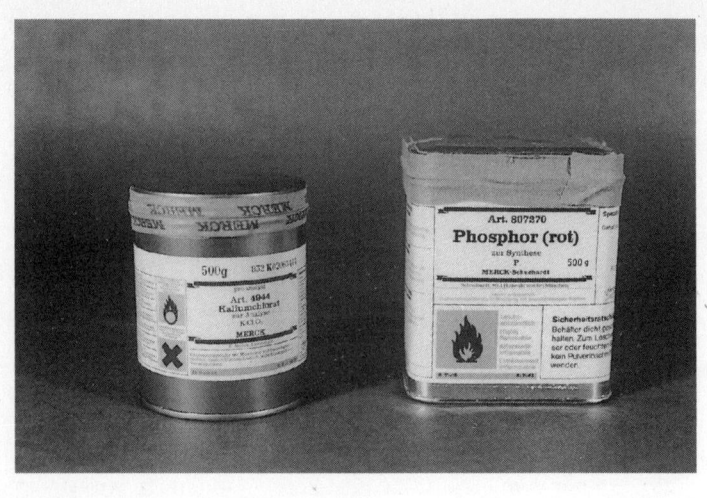

*Abb. 1   Die beiden Chemikalien (Kaliumchlorat und roter Phosphor)
für den Fingerblitz.*

Feuer auf der Tischdecke

Präsentation

Ein paar junge Burschen sitzen in einer Kneipe am Tisch, und einer fragt: *»Wollen wir mal den Kellner ärgern?«*

Alle kichern vergnügt und schreiten zur Tat.

Plötzlich ertönt es ganz laut: *»Herr Ober, schnell, bei uns am Tisch brennt's!«*

Eilig kommt der Kellner gerannt und muß mit ansehen, wie eine große Flamme auf der Tischdecke hin und her wandert (Abb. 1).

Der Ober schlägt entsetzt die Hände über dem Kopf zusammen und ruft: *»Um Gottes willen, was macht ihr da mit meiner Tischdecke! Meine schöne Tischdecke! Wer zahlt mir jetzt den Schaden?«*

Die jungen Männer lächeln den händeringenden Ober beruhigend an. Plötzlich ist die Flamme verschwunden und die weiße Tischdecke absolut unversehrt.

Erklärung

Für diesen kleinen Trick benötigen Sie zwei Gasfeuerzeuge. Eines davon sollte eine verstellbare Flamme mit Reibrad und Feuerstein haben (keine Elektrozündung).

Drehen Sie das Einstellrad des einen Feuerzeuges in +-Richtung bis zum Anschlag. Dieses Feuerzeug halten Sie nun unter eine

Tischdecke, und zwar so, daß der Stoff direkt auf der Zündöffnung liegt. Drücken Sie auf den Knopf für den Gasaustritt, und entzünden Sie das durch die Tischdecke nach oben steigende Gas mit dem zweiten Feuerzeug. Auf der Tischdecke wird sich eine hübsche Flamme zeigen, die Sie auch bewegen können.

Verharren Sie aber nicht zu lange auf ein und derselben Stelle, weil das Tischtuch sonst wirklich zu brennen beginnt.

Dieser Trick funktioniert auch mit einem Taschentuch, allerdings nicht mit einem aus Papier.

Abb. 1   Feuer auf der Tischdecke.

186

Flammendes Inferno
aus der Hand

Präsentation
Einsam und verlassen steht der Magier auf der weiten Bühne. Er hat sich gerade eine Zigarette angezündet und nuckelt genüßlich vor sich hin. Plötzlich ist wie Donnerhall eine tiefe, mahnende Stimme zu hören: *»Rauchen schadet deiner Gesundheit!«*
Der Zauberer sieht sich verdutzt um, kann aber niemanden entdecken. Mit einem leichten Achselzucken übergeht er die Warnung und widmet sich wieder genießerisch seiner Zigarette. Langsam wird es Zeit, die überstehende Asche loszuwerden, doch es ist kein Aschenbecher in Sicht. Der Zauberkünstler sieht sich um. Nichts!
Plötzlich löst sich die Asche von der Kippe, fällt zu Boden. Ratlos blickt der Künstler nach unten. Es ist ihm sichtlich peinlich. Verstohlen sieht er sich nach allen Seiten um und vergewissert sich, daß ihn niemand beobachtet. Hektisch verwischt er mit seinem Fuß die Spuren und tut so, als wäre nichts gewesen.
Und wieder ist diese strenge Stimme zu hören: *»Rauchen schadet deiner Gesundheit!«* Der Mann zuckt zusammen und blickt dann vorsichtig nach oben. Aber da ist nichts.
Die Stimme: *»Du hast gerade den Boden versaut! Wenn ich das deiner Frau erzähle!«* Mit weit aufgerissenen Augen schaut der Magier in die Luft und schüttelt flehend den Kopf. Die Leute im Publikum lachen amüsiert.

Um zu vermeiden, daß noch mehr Asche den Boden verunreinigt, hält er nun seine Hand unter die Zigarette – immer auf der Suche nach einem geeigneten Auffanggefäß für die Reste der Zigarette.

In seiner Not versucht er, die überstehende Asche auf seiner Handfläche abzustreifen, als plötzlich ein riesiger Feuerball aus seiner Hand emporschießt (Abb. 1). In panischem Schrecken wirft der Zauberer die Zigarette weit weg.

»Ich hab's dir doch gesagt!« meldet sich da die Stimme noch mal. *»Rauchen schadet deiner Gesundheit!«* Und mit eingezogenem Kopf verschwindet der Magier in den Kulissen.

⚠ *Erklärung*
Für den Feuerball benötigen Sie ein Hilfsmittel, das »Konzentrierte Feuer«. Es handelt sich um ein weißes Pulver, das Sie nur unbemerkt auf Ihre Handfläche bringen müssen (Abb. 2) und dann entzünden. Es genügt schon der Funke eines Feuerzeugs oder eben die Glut einer Zigarette, um die Verpuffung auszulösen.

Der große Vorteil dieses weißen Pulvers: Bei **sachgerechter** Anwendung können Sie sich überhaupt nicht verletzen. Es tut nicht einmal weh und gibt doch einen riesigen Feuerball. Sie erzeugen die Stichflamme direkt auf Ihrer unpräparierten Hand. Die Bezugsquelle für »Konzentriertes Feuer« finden Sie im Anhang.

Natürlich ist die beschriebene Präsentation nur eine der vielen Möglichkeiten, das »flammende Inferno aus der Hand« vorzuführen. Sie können sich auch selbst eine hübsche Geschichte ausdenken, um das Kunststück wirkungsvoll zu präsentieren.

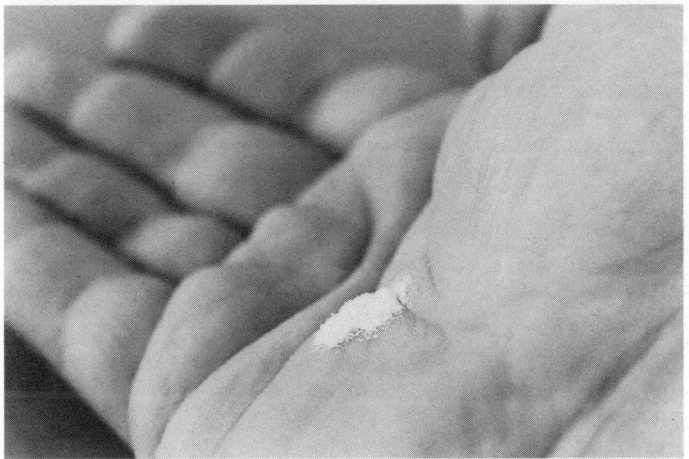

Abb. 1   Beim Zünden entsteht eine große Flamme, die sich zu einem Feuerball entwickelt. Die bloße Hand bleibt dabei unverletzt.

Abb. 2   »Konzentriertes Feuer« erhalten Sie als weißes Pulver in einem kleinen Kunststoffröhrchen. Geben Sie eine Messerspitze davon auf Ihre Handfläche.

4 Pyrotechnik

Eine wirklich gute Fakir-, Sensations- oder Zaubershow kommt ohne den zusätzlichen Einsatz von Pyroeffekten nicht aus. Damit ist die sinnvolle und sparsame Verwendung von Feuer, Rauch bzw. Nebel, Blitz, Sprüh- oder Knalleffekten gemeint. Muten Sie dem Zuschauer auf keinen Fall zu, die auf der Bühne verwendeten Chemikalien einzuatmen. Beachten Sie auch deshalb genauestens die Gefahrenhinweise und Sicherheitsratschläge.

Aus Sicherheitsgründen sollten Sie ausschließlich pyrotechnische Effektsätze aus dem Fachhandel (Adressen siehe Anhang) verwenden. Diese entsprechen den sicherheitstechnischen Auflagen, dem Sprengstoffgesetz und sind von der Bundesanstalt für Materialprüfung (BAM) zugelassen.

Die hier beschriebenen chemischen Experimente dienen allein der Anschauung.

Die hier weitergegebenen Informationen wurden vom Autor sorgfältig geprüft. Autor und Verlag übernehmen jedoch keine Haftung für die aus fehlerhafter Handhabung oder mißverstandener Anleitung entstandenen Schäden!

Allgemeine Hinweise

Halten Sie sich unbedingt an die angegebenen Mengen. Beim Mischen der einzelnen Komponenten für Pulversätze müssen Sie, soweit es geht, Reibung vermeiden.

Verwenden Sie zum Vermengen entweder eine Vogelfeder, oder geben Sie alle Zutaten in eine kleine runde Büchse mit Deckel (z. B. Filmdose), und rollen Sie diese ein paar Minuten vorsichtig hin und her.

Wenn Sie die Effektsätze verwenden, müssen im Umkreis von drei Metern alle brennbaren Materialien entfernt werden. Geben Sie die fertigen Mischungen auf eine feuerfeste Unterlage (z. B. Porzellanteller, Aschenbecher oder kleine flache Blechdose).

Zur Zündung verwenden Sie entweder Salpeterpapier, Pyroschnur oder Elektrozünder.

Salpeterpapier

Lösen Sie 32 g Kaliumnitrat in 100 ml warmem Leitungswasser. Darin tränken Sie Lösch- oder Filterpapier, das Sie nach dem Trocknen in ca. 1 cm breite Streifen mit der gewünschten Länge schneiden. Wegen des hohen Sauerstoffgehalts der Kaliumnitratkristalle glimmt dieses Papier auch ohne Luftzufuhr weiter.

Achtung!
Sehen Sie nicht direkt in die Flammen! Das gilt vor allem für Blitzpulver!

Feuer

Draußen tobt der Schneesturm, und Sie sitzen mit einer Tasse heißen Glühweins in einem gemütlichen Sessel vor knisterndem Holzfeuer. So wie dieses Feuer im Kamin Behaglichkeit in die Stube zaubert, so kann Feuer einer Bühnenshow eine ganz gezielte Stimmung verleihen.

Dazu benötigen Sie feuerfeste Gefäße, die entsprechenden Substanzen und zur Sicherheit einen Feuerlöscher in greifbarer Nähe. Der Feuerlöscher ist wichtig – eine notwendige Vorsichtsmaßnahme. Bei sachgerechter Verwendung der beschriebenen Methoden kann nichts passieren. Wenn Sie öffentlich auftreten, sollten Sie auf jeden Fall vorher mit dem Veranstalter abklären, ob offenes Feuer auf der Bühne oder im Saal verwendet werden darf.

Ein hübscher Effekt sind farbige Flammen. Sie verleihen einer Fakirshow ein ganz besonderes Flair. Die mögliche Farbpalette reicht dabei von Gelb (die meisten Feuer brennen so) über Rot, Grün, Violett bis zu Blau. Auch mehrfarbige Flammen können Sie erzeugen.

Betrachten wir zunächst die Ausrüstung. Sie benötigen geeignete Feuerschalen aus Metall. Die professionellen Ausführungen sind zum Teil recht teuer. Deshalb verwende ich einfache Salatschüsseln aus Edelstahl aus dem Supermarkt. Die gibt es in verschiedenen Größen und Formen, und sie sind relativ günstig. Dazu gehört noch eine feuerfeste Unterlage.

Ich habe mir – passend für meine Schüsseln – von einem Schmied zwei kleine Gestelle anfertigen lassen (Abb. 1). Die Metallschalen liegen in den dafür vorgesehenen Ringen (Abb. 2). Wenn Sie die Schüsseln auf den Boden stellen wollen, legen Sie Holzbrettchen darunter, die mit stabiler Grillfolie aus Aluminium überzogen wurden. So verhindern Sie, daß der Boden im Saal oder auf der Bühne durch Hitze beschädigt wird.

Farbige Flammen

Gelbes Feuer erhalten Sie am einfachsten, wenn Sie etwas Watte in eine Schale geben und Lampenöl dazugießen (Abb. 3). Ertränken Sie die Watte nicht: sie dient als Docht und muß über die Flüssigkeit hinausragen. Das Öl würde ohne Docht nicht brennen. Mit dieser Methode erhalten Sie recht brauchbares Feuer (Abb. 4).

Achtung!
Das Lampenöl wird umgangssprachlich oft als Petroleum bezeichnet. Petroleum ist aber etwas völlig anderes. Es dient z. B. zum Verdünnen von Lacken und riecht auch anders. Petroleum ist hochentzündlich, und Sie dürfen es auf keinen Fall verwenden.

Chemisch gesehen werden Flammen farbig, wenn darin Metallionen in Form von Salzen verdampft werden.
Beispiel Kochsalz. Kochsalz oder Natriumchlorid enthält das Metall Natrium. Natriumionen ergeben gelbes Feuer, und das erhalten wir, wenn wir Kochsalz in eine normalerweise farblose Spiritusflamme bringen.
Als Lösungsmittel verwenden wir Methanol. Methanol gehört zu den Alkoholen und ist in Geschäften für Laborbedarf erhältlich. Diese Flüssigkeit ist nicht ganz ungefährlich und darf nicht

mit Ethanol verwechselt werden. Ethanol verleiht Wein, Bier und Schnaps seine berauschende Wirkung. Methanol dagegen ist giftig und kann oral aufgenommen zum Tod führen.

Übersicht über die Metalle und die zu erwartenden Flammenfärbungen.

Metall/Element	Substanz	Lösungsmittel	Farbe
Natrium	Natriumchlorid	Methanol	Gelb
Strontium	Strontiumchlorid	Methanol	Rot
Kalium	Kaliumchlorid	Methanol	Violett
Barium	Bariumchlorid	Methanol	Grün
Bor	Borsäure	Methanol	Grün
Kupfer	Kupfer II Chlorid	Methanol	Grün/ Hellblau

Anmerkung: Borsäure ist zwar kein Salz, färbt aber das Feuer auch wunderbar grün.

Die Feuerschalen, in denen Sie Lampenöl verbrennen, werden mit der Zeit schwarz, weil sich Ruß ablagert. Das ist nicht weiter schlimm, diesen Ruß können Sie von Zeit zu Zeit mit einem alten Schwamm und Spülmittel entfernen. Diese Schalen dürfen Sie aber nicht für die Methanolmischungen verwenden. Die Schüsseln für farbige Flammen müssen absolut sauber sein. Spülen Sie sie am besten mit destilliertem Wasser. Geringste Verunreinigungen können bereits dazu führen, daß Ihr Feuer statt grün nun doch gelb brennt, weil z. B. das Natrium alle anderen Färbungen überlagert. Zur Not funktionieren auch selbstgeformte Schalen aus stabiler Aluminiumfolie.

Wie aber löschen wir nach der Show die Flammen? Nun, eine Methode ist sicherlich unser CO_2-Feuerlöscher. Der ist aber für diesen Zweck viel zu schade. Ich lasse die Schüsseln entweder ausbrennen (bei Verwendung von Methanol), oder aber ich ersticke die Flammen mit feuchten Handtüchern (bei Verwendung von den Gestellen mit Lampenöl in den Schalen). Passen Sie aber gut auf, daß Sie dabei die Gestelle nicht umwerfen. Denken Sie auch daran, daß die Schüsseln enorm heiß werden.

In Vorversuchen können Sie ermitteln, welche Menge Brennstoff wie lange brennt, und dann entsprechend so dosieren, daß das Feuer in den Schalen schon kurz nach der Vorführung erlischt.

Die eben beschriebenen Bühnenfeuer unterliegen nicht dem Sprengstoffgesetz und können ohne weiteres vorgeführt werden. Aber wie bereits betont: Informieren Sie den Veranstalter vorab.

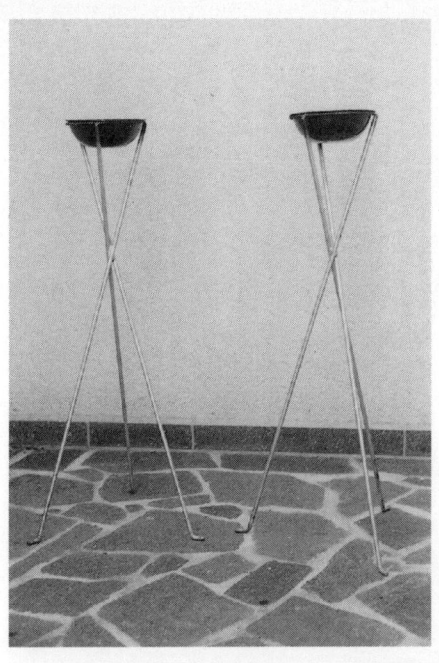

Abb. 1
Feuerschalen mit
Halterung.

Abb. 2
In die Eisengestelle
werden einfache Salat-
schüsseln aus Edelstahl
eingelegt.

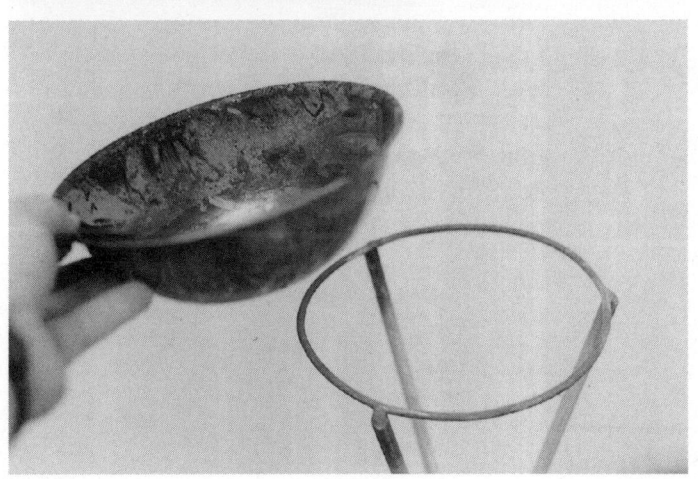

*Abb. 3   Gelbes Feuer zu erhalten ist einfach: etwas Watte in eine
Schale und Lampenöl dazugießen.*

Abb. 4   Diese Methode bringt recht kräftiges Feuer.

Rauch und Nebel

Rauch und Nebel ergeben stimmungsvolle Effekte, die sich jedoch nicht überall einsetzen lassen. So werden Sie in geschlossenen Räumen sicherlich keine Rauchpatrone zünden, es sei denn, Sie wollen feststellen, wie schnell das Publikum die Notausgänge findet.

Für Bühnenshows kommt eigentlich nur Nebel in Frage. Und der wird mit speziellen Nebelmaschinen unterschiedlicher Leistungen erzeugt. Dabei werden glykolhaltige Flüssigkeiten verdampft, die es sogar in verschiedenen Duftnoten gibt. Darüber hinaus können Sie zwischen unterschiedlichen Nebelarten wählen: je nachdem, ob Sie nur Bodennebel einsetzen wollen oder eine ganze Bühnenkulisse vernebeln, ob er sich relativ schnell wieder auflösen oder sehr lange halten soll. Im Fachhandel finden Sie Geräte für jeden Zweck. So eine Maschine müssen Sie nicht gleich kaufen, Sie können sie mieten. Das kostet Sie etwa 50–100 DM für ein Wochenende.

Zu Versuchszwecken können Sie sich leicht selber Nebel herstellen. Dazu benötigen Sie Trockeneis (festes Kohlendioxid), Leitungswasser und einen Wasserkocher. Wenn Sie in das kochende Wasser Trockeneisstücke legen, entwickeln sich dicke weiße Nebelwolken: Es entsteht das Gas Kohlendioxid, das schwerer ist als Luft. Diese Methode ist sehr gut geeignet, Bodennebel zu erzeugen.

Aber Vorsicht beim Umgang mit Trockeneis. Sie dürfen die

Eisbrocken niemals mit bloßen Händen anfassen. Trockeneis hat eine Temperatur von minus 78 Grad. Da frieren Sie sofort daran fest. Die Folge sind häßliche Verletzungen. Ziehen Sie also dicke Handschuhe über, oder verwenden Sie eine geeignete Zange. Vergessen Sie nicht, eine Schutzbrille aufzusetzen.

Achtung!
Vermeiden Sie, zu große Mengen des Kohlendioxidnebels einzuatmen. Es kann zu Übelkeit kommen bis hin zu Bewußtlosigkeit.

Der Unterschied zwischen Nebel und Rauch: Nebel besteht aus winzigen Flüssigkeitströpfchen, Rauch dagegen aus fein verteilten festen Stoffen.
Rauch sollten Sie – wenn überhaupt – nur im Freien verwenden, da die verwendeten Substanzen zum Teil gesundheitsschädlich sind.

Einfaches Rauchpulver
2 g Ammoniumchlorid,
2 g Kaliumchlorat und
1 g Puderzucker
in eine kleine runde Dose (Filmdose) geben. Inhalt durch vorsichtiges Hin- und Herrollen mischen. Das Pulver bleibt weiß.

Blitz- und Sprüheffekte

Blitzeffekte in Zaubershows dienen oft dazu, die Aufmerksamkeit des Publikums für einen kurzen Moment abzulenken, während Funken- bzw. Sprüheffekte gerne als großartiges Finale eines Unterhaltungsprogramms Verwendung finden. Verbunden mit passender Musik wird die Show Ihrem Publikum lange in Erinnerung bleiben.

Blitzpulver
1 g Kaliumpermanganat (Pulver) und
1 g Magnesium (Pulver)
in eine kleine runde Dose (Filmdose) geben und verschließen. Inhalt durch Hin- und Herrollen mischen, bis das Pulver gleichmäßig grauviolett gefärbt ist (ca. 4 Minuten).
Diese Mischung ist explosionsgefährlich!

Bei Sprüheffekten werden aus den Brandkörpern glühende Metallteilchen geschleudert. Zum Beispiel Eisen- oder Aluminiumspäne. Sie alle kennen sicherlich Wunderkerzen oder die an Silvester verwendeten Vulkane. Solche Effektsätze gibt es auch für Geburtstagstorten. Verwenden Sie ausschließlich Blitz- und Sprüheffekte aus dem Fachhandel.

Knalleffekte

Pyrotechnisch entsteht Knall immer dann, wenn der zu zündende Pulversatz gut eingedämmt ist und die bei der Verbrennung sich ausdehnenden heißen Gase die sie umschließende Hülle zerreißen. Die bekanntesten sind die Silvesterknallkörper. Schwarzpulver verbrennt als loses Pulver mit starker Flamme und kräftiger Rauchentwicklung. Fest in Pappe gehüllt, platzt diese mit einem Knall auf. Bauen Sie solche Feuerwerkskörper auf keinen Fall selbst. Zünden Sie nur auf Sicherheit geprüfte Knallkartuschen aus dem Fachhandel.

Zünder und Zündgeräte

Während wir unsere Feuerschalen noch von Hand mit einem Feuerzeug entzünden können, wird es bei den anderen Pyroeffekten schon schwieriger. Zur zeitverzögerten Zündung selbst hergestellter Pulvermischungen haben wir Pyroschnur oder Salpeterpapier verwendet. Wenn es jedoch auf eine genaue Effektauslösung ankommt, dann müssen Sie eine elektrische Zündanlage verwenden. Das hat den Vorteil, daß der Zündvorgang über nahezu jede beliebige Entfernung und zu jedem gewünschten Zeitpunkt ausgelöst werden kann.

Die Zündanlage wird erst funktionsfähig durch einen sogenannten Brückenzünder (Abb. 1).

Natürlich können Sie professionelle Geräte kaufen oder ausleihen; ich habe meine Anlagen aber aus Kostengründen immer selber gebaut und mich dabei von einem Elektriker beraten lassen.

Abbildung 2 zeigt eine einfache, selbstgebaute Zündanlage mit sieben Ausgängen. Die Frontplatte ist ein Klingeltableau, das auf einen kleinen Holzkasten montiert wurde. Der achte Knopf dient dabei als Sicherheitsschalter. Der Stromkreis im Inneren der Anlage (Abb. 3) ist so gelegt, daß die Ausgangsbuchsen nur dann unter Spannung stehen, wenn dieser Sicherheitsknopf zusätzlich gedrückt wird. So wird vermieden, daß ein Effekt aus Versehen gezündet wird.

An jedem Ausgang können in paralleler Schaltung bis zu zehn

Effekte gleichzeitig gezündet werden. Dabei müssen Sie aber einige Regeln beachten: Ziehen Sie deshalb auf jeden Fall einen Spezialisten hinzu, wenn Sie eine Zündanlage selber bauen wollen.
Ideal als Stromquelle ist eine frisch geladene Autobatterie (24 Volt).

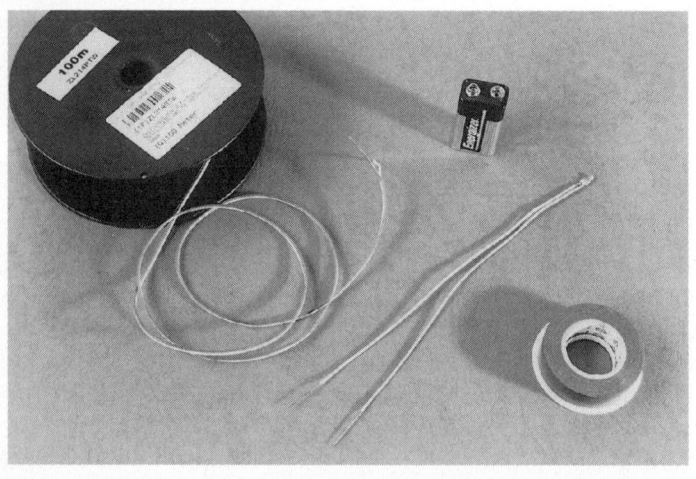

Abb. 1   Die Basisausrüstung einer elektrischen Zündung: eine 9-Volt-Batterie, Drahtlitze, etwas Isolierband und ein Brückenzünder.

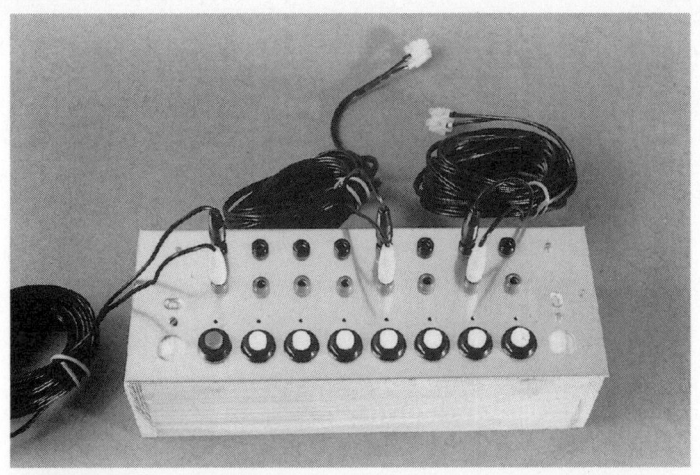

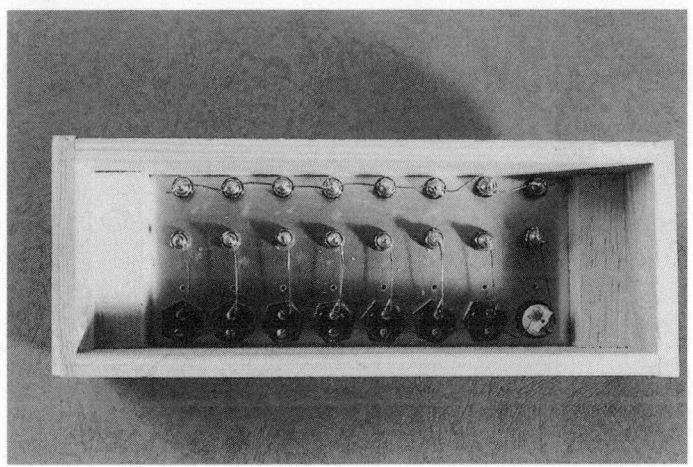

Abb. 2   Anlage zur Zündung mehrerer Effekte. Hier ein selbstgebautes Modell für sieben Anschlüsse plus einen Sicherheitsknopf vor der Stromzuführung.

Abb. 3   So sieht der Schaltkreis im Inneren aus.

5

Umgang mit Chemikalien

Beim Umgang mit Chemikalien sind bestimmte Richtlinien und Verhaltensmaßnahmen zu beachten. Dies soll Unfälle durch falsche Handhabung verhindern. Wenn wir Zauberer mit hochentzündlichen Flüssigkeiten sowie mit anderen gefährlichen, pulverförmigen Stoffen arbeiten, ist es eine Selbstverständlichkeit, die jeweiligen Sicherheitsbestimmungen genauestens einzuhalten.

Lagerung

Vermeiden Sie das Risiko, irgendeine Flüssigkeit in eine beliebige Flasche abzufüllen. Es ist gar nicht so selten, daß Hausfrauen zum Beispiel flüssigen Bodenreiniger in einer Limonadenflasche aufbewahren. Und wenn auf der Flasche nicht einmal deutlich vermerkt ist, was da drinnen ist, dann kann's gefährlich werden, wenn eine ahnungslose Person daraus trinkt.

Wir benutzen für Feuerkünste brennbare Flüssigkeiten, und die sind gefährlicher als Spülmittel. Um so mehr sind wir gefordert, auf sichere und korrekte Aufbewahrung zu achten.

Zu den Gefäßen: Wundbenzin bekommen Sie in Ihrer Apotheke abgefüllt in Braunglasflaschen und mit vollständiger Beschriftung. Zu dieser Beschriftung gehört neben der Inhaltsbezeichnung auch ein Etikett mit entsprechendem Gefahrensymbol für leichtentzündliche Flüssigkeiten.

Lagern Sie das Benzin in dieser Flasche an einem kühlen, dunklen und gut belüfteten Ort.

Auch das Paraffinöl belassen Sie in der Originalflasche, die meist aus Kunststoff besteht. Dasselbe gilt für alle anderen Chemikalien.

Hinweise auf dem Etikett

Wenn Sie mit Chemikalien umgehen, müssen Sie in der Lage sein, die Informationen auf den Gebindeetiketten zu verstehen. Die Abbildungen 1 und 2 zeigen solche Beschriftungen mit den entsprechenden Daten.

Für uns wichtig sind neben der Produktbezeichnung das Gefahrensymbol sowie die Gefahrenhinweise (R-Sätze) und Sicherheitsratschläge (S-Sätze). Diese Dinge wollen wir uns genauer ansehen.

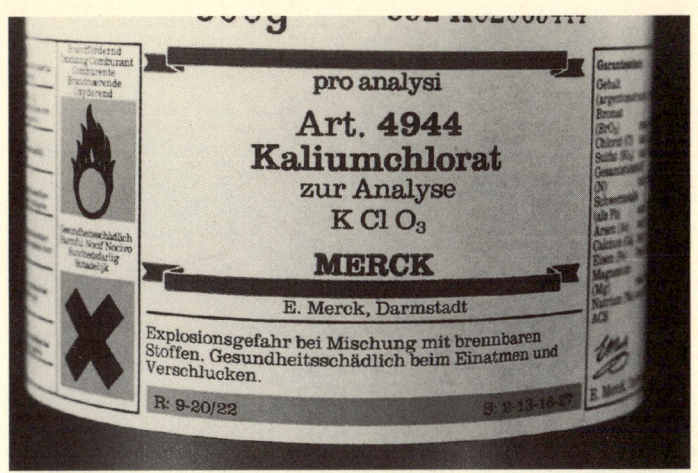

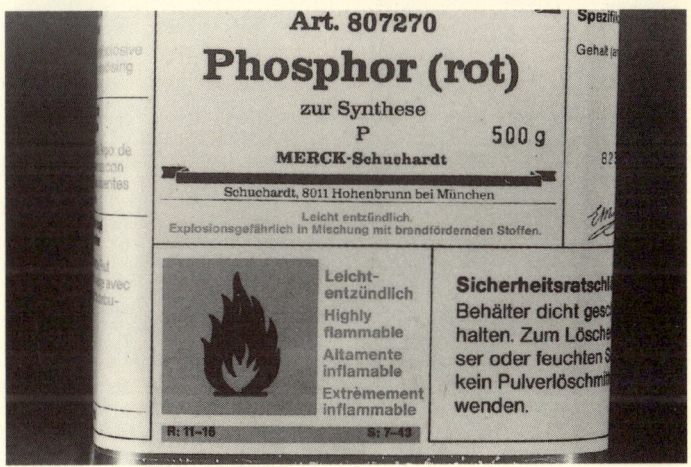

Abb. 1   Die Gebindeetiketten von Kaliumchlorat...

Abb. 2   ...und rotem Phosphor. Gut zu erkennen die Gefahrensymbole und die R- und S-Sätze.

Gefahrensymbole

Schauen Sie sich Chemikalienflaschen einmal genauer an. Ihnen wird oft eines oder sogar mehrere der folgenden Abbildungen auffallen. Diese im Original orangefarbenen Bilder geben Hinweise auf bestimmte Gefahren.

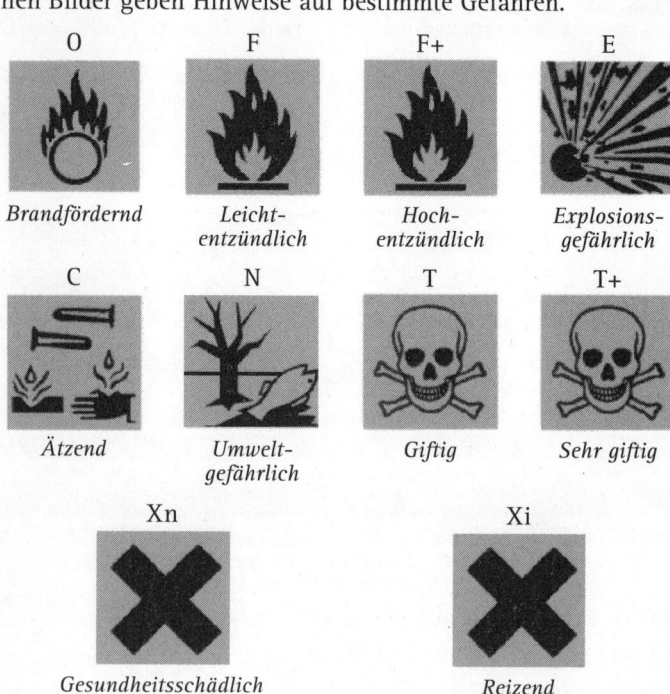

O
Brandfördernd

F
*Leicht-
entzündlich*

F+
*Hoch-
entzündlich*

E
*Explosions-
gefährlich*

C
Ätzend

N
*Umwelt-
gefährlich*

T
Giftig

T+
Sehr giftig

Xn
Gesundheitsschädlich

Xi
Reizend

Gefahrenhinweise (R-Sätze)

Neben den Gefahrensymbolen finden Sie auf Chemikaliengebinden die sogenannten R-Sätze. Sie geben genaue Auskunft über die im Umgang mit der jeweiligen Substanz zu erwartenden Gefahren.

R1   In trockenem Zustand explosionsgefährlich

R2   Durch Schlag, Reibung, Feuer oder andere Zünd-
        quellen explosionsgefährlich

R3   Durch Schlag, Reibung, Feuer oder andere Zünd-
        quellen besonders explosionsgefährlich

R4   Bildet hochempfindliche explosionsgefährliche
        Metallverbindungen

R5   Beim Erwärmen explosionsfähig

R6   Mit und ohne Luft explosionsfähig

R7   Kann Brand verursachen

R8   Feuergefahr bei Berührung mit brennbaren Stoffen

R9   Explosionsgefahr bei Mischung mit brennbaren Stoffen

R10   Entzündlich

R11   Leichtentzündlich

R12   Hochentzündlich

R13   Hochentzündliches Flüssiggas

R14   Reagiert heftig mit Wasser

R14/15 Reagiert heftig mit Wasser unter Bildung hoch-
        entzündlicher Gase

R15	Reagiert mit Wasser unter Bildung hochentzündlicher Gase
R15/29	Reagiert mit Wasser unter Bildung giftiger und hochentzündlicher Gase
R16	Explosionsgefährlich in Mischung mit brandfördernden Stoffen
R17	Selbstentzündlich an der Luft
R18	Bei Gebrauch Bildung explosionsfähiger/ leichtentzündlicher Dampf-Luft-Gemische möglich
R19	Kann explosionsfähige Peroxide bilden
R20	Gesundheitsschädlich beim Einatmen
R20/21	Gesundheitsschädlich beim Einatmen und bei Berührung mit der Haut
R20/21/22	Gesundheitsschädlich beim Einatmen, Verschlucken und Berührung mit der Haut
R20/22	Gesundheitsschädlich beim Einatmen und Verschlucken
R21	Gesundheitsschädlich bei Berührung mit der Haut
R21/22	Gesundheitsschädlich bei Berührung mit der Haut und beim Verschlucken
R22	Gesundheitsschädlich beim Verschlucken
R23	Giftig beim Einatmen
R23/24	Giftig beim Einatmen und bei Berührung mit der Haut
R23/24/25	Giftig beim Einatmen, Verschlucken und bei Berührung mit der Haut
R23/25	Giftig beim Einatmen und Verschlucken
R24	Giftig bei Berührung mit der Haut
R24/25	Giftig bei Berührung mit der Haut und beim Verschlucken
R25	Giftig beim Verschlucken
R26	Sehr giftig beim Einatmen

R26/27	Sehr giftig beim Einatmen und bei Berührung mit der Haut
R26/27/28	Sehr giftig beim Einatmen, Verschlucken und bei Berührung mit der Haut
R26/28	Sehr giftig beim Einatmen und Verschlucken
R27	Sehr giftig bei Berührung mit der Haut
R27/28	Sehr giftig bei Berührung mit der Haut und beim Verschlucken
R28	Sehr giftig beim Verschlucken
R29	Entwickelt bei Berührung mit Wasser giftige Gase
R30	Kann bei Gebrauch leicht entzündlich werden
R31	Entwickelt bei Berührung mit Säure giftige Gase
R32	Entwickelt bei Berührung mit Säure sehr giftige Gase
R33	Gefahr kumulativer Wirkungen
R34	Verursacht Verätzungen
R35	Verursacht schwere Verätzungen
R36	Reizt die Augen
R36/37	Reizt die Augen und die Atmungsorgane
R36/37/38	Reizt die Augen, Atmungsorgane und die Haut
R36/38	Reizt die Augen und die Haut
R37	Reizt die Atmungsorgane
R37/38	Reizt die Atmungsorgane und die Haut
R38	Reizt die Haut
R39	Ernste Gefahr irreversiblen Schadens
R39/23	Giftig: ernste Gefahr irreversiblen Schadens durch Einatmen
R39/23/24	Giftig: ernste Gefahr irreversiblen Schadens durch Einatmen und bei Berührung mit der Haut

R39/23/24/25	Giftig: ernste Gefahr irreversiblen Schadens durch Einatmen, Berührung mit der Haut und durch Verschlucken
R39/23/25	Giftig: ernste Gefahr irreversiblen Schadens durch Einatmen und durch Verschlucken
R39/24	Giftig: ernste Gefahr irreversiblen Schadens bei Berührung mit der Haut
R39/24/25	Giftig: ernste Gefahr irreversiblen Schadens bei Berührung mit der Haut und durch Verschlucken
R39/25	Giftig: ernste Gefahr irreversiblen Schadens durch Verschlucken
R39/26	Sehr giftig: ernste Gefahr irreversiblen Schadens durch Einatmen
R39/26/27	Sehr giftig: ernste Gefahr irreversiblen Schadens durch Einatmen und bei Berührung mit der Haut
R39/26/27/28	Sehr giftig: ernste Gefahr irreversiblen Schadens durch Einatmen, Berührung mit der Haut und durch Verschlucken
R39/26/28	Sehr giftig: ernste Gefahr irreversiblen Schadens durch Einatmen und Verschlucken
R39/27	Sehr giftig: ernste Gefahr irreversiblen Schadens bei Berührung mit der Haut
R39/27/28	Sehr giftig: ernste Gefahr irreversiblen Schadens bei Berührung mit der Haut und durch Verschlucken
R39/28	Sehr giftig: ernste Gefahr irreversiblen Schadens durch Verschlucken
R40	Irreversibler Schaden möglich
R40/20	Gesundheitsschädlich: Möglichkeit irreversiblen Schadens durch Einatmen

R40/20/21	Gesundheitsschädlich: Möglichkeit irreversiblen Schadens durch Einatmen und bei Berührung mit der Haut
R40/20/21/22	Gesundheitsschädlich: Möglichkeit irreversiblen Schadens durch Einatmen, Berührung mit der Haut und durch Verschlucken
R40/20/22	Gesundheitsschädlich: Möglichkeit irreversiblen Schadens durch Einatmen und durch Verschlucken
R40/21	Gesundheitsschädlich: Möglichkeit irreversiblen Schadens bei Berührung mit der Haut
R40/21/22	Gesundheitsschädlich: Möglichkeit irreversiblen Schadens bei Berührung mit der Haut und durch Verschlucken
R40/22	Gesundheitsschädlich: Möglichkeit irreversiblen Schadens durch Verschlucken
R41	Gefahr ernster Augenschäden
R42	Sensibilisierung durch Einatmen möglich
R42/43	Sensibilisierung durch Einatmen und Hautkontakt möglich
R43	Sensibilisierung durch Hautkontakt möglich
R44	Explosionsgefahr bei Erhitzen unter Einschluß
R45	Kann Krebs erzeugen
R46	Kann vererbbare Schäden verursachen
R47	Kann Mißbildungen verursachen
R48	Gefahr ernster Gesundheitsschäden bei längerer Exposition
R48/20	Gesundheitsschädlich: Gefahr ernster Gesundheitsschäden bei längerer Exposition durch Einatmen
R48/20/21	Gesundheitsschädlich: Gefahr ernster Gesundheitsschäden bei längerer Exposition durch Einatmen und durch Berührung mit der Haut

R48/20/21/22	Gesundheitsschädlich: Gefahr ernster Gesundheitsschäden bei längerer Exposition durch Einatmen, Berührung mit der Haut und durch Verschlucken
R48/20/22	Gesundheitsschädlich: Gefahr ernster Gesundheitsschäden bei längerer Exposition durch Einatmen und durch Verschlucken
R48/21	Gesundheitsschädlich: Gefahr ernster Gesundheitsschäden bei längerer Exposition durch Berührung mit der Haut
R48/21/22	Gesundheitsschädlich: Gefahr ernster Gesundheitsschäden bei längerer Exposition durch Berührung mit der Haut und durch Verschlucken
R48/22	Gesundheitsschädlich: Gefahr ernster Gesundheitsschäden bei längerer Exposition durch Verschlucken
R48/23	Giftig: Gefahr ernster Gesundheitsschäden bei längerer Exposition durch Einatmen
R48/23/24	Giftig: Gefahr ernster Gesundheitsschäden bei längerer Exposition durch Einatmen und durch Berührung mit der Haut
R48/23/24/25	Giftig: Gefahr ernster Gesundheitsschäden bei längerer Exposition durch Einatmen, Berührung mit der Haut und durch Verschlucken
R48/23/25	Giftig: Gefahr ernster Gesundheitsschäden bei längerer Exposition durch Einatmen und durch Verschlucken
R48/24	Giftig: Gefahr ernster Gesundheitsschäden bei längerer Exposition durch Berührung mit der Haut

R48/24/25	Giftig: Gefahr ernster Gesundheitsschäden bei längerer Exposition durch Berührung mit der Haut und durch Verschlucken
R48/25	Giftig: Gefahr ernster Gesundheitsschäden bei längerer Exposition durch Verschlucken
R49	Kann Krebs erzeugen beim Einatmen
R50	Sehr giftig für Wasserorganismen
R50/53	Sehr giftig für Wasserorganismen, kann in Gewässern längerfristig schädliche Wirkungen haben
R51	Giftig für Wasserorganismen
R51/53	Giftig für Wasserorganismen, kann in Gewässern längerfristig schädliche Wirkungen haben
R52	Schädlich für Wasserorganismen
R52/53	Schädlich für Wasserorganismen, kann in Gewässern längerfristig schädliche Wirkungen haben
R53	Kann in Gewässern längerfristig schädliche Wirkungen haben
R54	Giftig für Pflanzen
R55	Giftig für Tiere
R56	Giftig für Bodenorganismen
R57	Giftig für Bienen
R58	Kann längerfristig schädliche Wirkungen auf die Umwelt haben
R59	Gefährlich für die Ozonschicht
R60	Kann die Fortpflanzungsfähigkeit beeinträchtigen
R61	Kann das Kind im Mutterleib schädigen
R62	Kann möglicherweise die Fortpflanzungsfähigkeit beeinträchtigen
R63	Kann das Kind im Mutterleib möglicherweise schädigen
R64	Kann Säuglinge über die Muttermilch schädigen

Sicherheitsratschläge (S-Sätze)

Hinter den S-Sätzen auf einem Etikett verbergen sich verschiedene Sicherheitsratschläge, die in folgender Tabelle aufgelistet sind.

S1	Unter Verschluß aufbewahren
S1/2	Unter Verschluß und für Kinder unzugänglich aufbewahren
S2	Darf nicht in die Hände von Kindern gelangen
S3	Kühl aufbewahren
S3/7	Behälter dicht geschlossen halten und an einem kühlen Ort aufbewahren
S3/7/9	Behälter dicht geschlossen halten und an einem kühlen, gut gelüfteten Ort aufbewahren
S3/9	Behälter an einem kühlen, gut gelüfteten Ort aufbewahren
S3/9/14	An einem kühlen, gut gelüfteten Ort aufbewahren, entfernt von... (Stoffe, mit denen Kontakt zu vermeiden ist, sind vom Hersteller anzugeben)
S3/9/14/49	Nur im Originalbehälter an einem kühlen, gut gelüfteten Ort aufbewahren, entfernt von... (die Stoffe, mit denen Kontakt vermieden werden muß, sind vom Hersteller anzugeben)
S3/9/49	Nur im Originalbehälter an einem kühlen, gut gelüfteten Ort aufbewahren

S3/14	An einem kühlen Ort aufbewahren, entfernt von... (die Stoffe, mit denen Kontakt vermieden werden muß, sind vom Hersteller anzugeben)
S4	Von Wohnplätzen fernhalten
S5	Aufbewahren unter... (geeignete Flüssigkeit vom Hersteller anzugeben)
S6	Aufbewahren unter... (inertes Gas vom Hersteller anzugeben)
S7	Behälter dicht geschlossen halten
S7/8	Behälter trocken und dicht geschlossen halten
S7/9	Behälter dicht geschlossen an einem gut gelüfteten Ort aufbewahren
S7/47	Behälter dicht geschlossen und nicht bei Temperaturen über... °C aufbewahren
S8	Behälter trocken halten
S9	Behälter an einem gut gelüfteten Ort aufbewahren
S12	Behälter nicht gasdicht verschließen
S13	Von Nahrungsmitteln, Getränken und Futtermitteln fernhalten
S14	Fernhalten von... (inkompatible Substanzen vom Hersteller anzugeben)
S15	Vor Hitze schützen
S16	Von Zündquellen fernhalten – Nicht rauchen
S17	Von brennbaren Stoffen fernhalten
S18	Behälter mit Vorsicht öffnen und handhaben
S20	Bei der Arbeit nicht essen und trinken
S20/21	Bei der Arbeit nicht essen, trinken, rauchen
S21	Bei der Arbeit nicht rauchen
S22	Staub nicht einatmen
S23	Gas/Rauch/Dampf/Aerosol nicht einatmen
S24	Berührung mit der Haut vermeiden
S24/25	Berührung mit den Augen und der Haut vermeiden
S25	Berührung mit den Augen vermeiden

S26	Bei Berührung mit den Augen sofort gründlich mit Wasser abspülen und den Arzt konsultieren
S27	Beschmutzte, getränkte Kleidung sofort ausziehen
S28	Bei Berührung mit der Haut sofort abwaschen mit viel... (vom Hersteller anzugeben)
S29	Nicht in die Kanalisation gelangen lassen
S29/56	Nicht in die Kanalisation gelangen lassen
S30	Niemals Wasser hinzugießen
S33	Maßnahmen gegen elektrostatische Aufladungen treffen
S34	Schlag und Reibung vermeiden
S35	Abfälle und Behälter müssen in gesicherter Weise beseitigt werden
S36	Bei der Arbeit geeignete Schutzkleidung tragen
S36/37	Bei der Arbeit geeignete Schutzhandschuhe und Schutzkleidung tragen
S36/37/39	Bei der Arbeit geeignete Schutzkleidung, Schutzhandschuhe und Schutzbrille/Gesichtsschutz tragen
S36/39	Bei der Arbeit geeignete Schutzkleidung und Schutzbrille/Gesichtsschutz tragen
S37	Geeignete Schutzhandschuhe tragen
S37/39	Bei der Arbeit geeignete Schutzhandschuhe und Schutzbrille/Gesichtsschutz tragen
S38	Bei unzureichender Belüftung Atemschutzgerät anlegen
S39	Schutzbrille/Gesichtsschutz tragen
S40	Fußboden und verunreinigte Gegenstände reinigen mit... (vom Hersteller anzugeben)
S41	Explosions- und Brandgase nicht einatmen
S42	Beim Räuchern/Versprühen geeignetes Atemschutzgerät anlegen

S43	Zum Löschen verwenden... (vom Hersteller anzugeben) (wenn Wasser die Gefahr erhöht, einfügen: Kein Wasser verwenden)
S44	Bei Unwohlsein ärztlichen Rat einholen
S45	Bei Unfall oder Unwohlsein sofort Arzt hinzuziehen (wenn möglich dieses Etikett vorzeigen)
S46	Bei Verschlucken sofort ärztlichen Rat einholen und Verpackung oder Etikett vorzeigen
S47	Nicht aufbewahren bei Temperaturen über... °C (vom Hersteller anzugeben)
S47/49	Nur im Originalbehälter aufbewahren bei einer Temperatur von nicht über... °C (vom Hersteller anzugeben)
S48	Feucht halten mit... (geeignetes Mittel vom Hersteller anzugeben)
S49	Nur im Originalbehälter aufbewahren
S50	Nicht mischen mit... (vom Hersteller anzugeben)
S51	Nur in gut gelüfteten Bereichen verwenden
S52	Nicht großflächig für Wohn- und Aufenthaltsräume zu verwenden
S53	Exposition vermeiden – vor Gebrauch besondere Anweisungen einholen
S54	Vor Ableitung in Kläranlagen Einwilligung der zuständigen Behörden einholen
S55	Vor Ableitung in die Kanalisation oder in Gewässer nach dem Stand der Technik behandeln
S56	Diesen Stoff und seinen Behälter der Problemabfallentsorgung zuführen
S57	Zur Vermeidung einer Kontamination der Umwelt geeigneten Behälter verwenden
S58	Als gefährlichen Abfall entsorgen
S59	Informationen zur Wiederverwendung/Wiederverwertung beim Hersteller/Lieferanten erfragen

S60 Dieser Stoff und sein Behälter sind als gefährlicher Abfall zu entsorgen

S61 Freisetzung in die Umwelt vermeiden. Besondere Anweisungen einholen/Sicherheitsdatenblatt zu Rate ziehen

S62 Bei Verschlucken kein Erbrechen herbeiführen. Sofort ärztlichen Rat einholen und Verpackung oder dieses Etikett vorzeigen

6 Anhang

Wichtiger Hinweis

Dieses Buch vermittelt einen einzigartigen Einblick in die atemberaubenden Kunststücke von Fakiren und Sensationsdarstellern.

Denken Sie immer daran, daß viele der erwähnten Tricks eine große Gefahr für Gesundheit oder sogar Leben des Vorführenden bedeuten.

Unterlassen Sie jeden Mißbrauch der pyrotechnischen Rezepte. Unsachgemäße Anwendung kann schwerste Folgen für Sie oder andere Personen haben.

Zum Schluß noch einmal ausdrücklich der Hinweis, daß Autor und Verlag keine Haftung für Unfälle und Verletzungen jeder Art übernehmen, die durch die Nachahmung der in den vorangegangenen Kapiteln beschriebenen Dinge entstehen.

Für alle Interessierten mit Internet-Anschluß: Neuigkeiten, Zaubertricks und vieles mehr finden Sie auch auf den Internet-Seiten des Autors unter

http://www.geheimnisse.de

Abbildungsnachweis

Fotos und Abbildungen stammen vom Autor
mit Ausnahme der nachfolgend aufgelisteten, die von Helmut
R. Eismann aus Regensburg angefertigt wurden:
Die abgeschnittene Zunge, Abb. 2–12;
Der Nagel in der Nase, Abb. 1–4;
In der Zwangsjacke am brennenden Seil, Abb. 1–10;
Die Feuerfolter, Abb. 1–3;
Feuerschlucken, Abb. ;
Feuerspucken, Abb. 1–5;
Der brennende Daumen, Abb. 1–2;
Eine brennende Kerze essen, Abb. 1–2;
Eine brennende Zigarette essen, Abb. 1–4.

Bezugsquellen

Zaubertricks, Zaubervideos, Pyroeffekte
(z. B. konzentriertes Feuer) u. v. a.
Jimmy Bix – Versand
Rinnböckstr. 43
A-1111 Wien
Österreich
Tel.: (0 04 31) 7 49 14 78
Fax: (0 04 31) 7 49 34 62

Hanf- und Stahlseile inkl. Sonderanfertigungen
J. Kienmoser KG
Sendlinger Str. 3 b
80331 München
Tel.: (0 89) 26 60 30

Verleih von Fußschnallen
Sky-Bungee GmbH
Zum Stefflacker 1
81929 München
Tel.: (0 89) 95 72 05 00
Fax: (0 89) 95 72 05 01

Spezialeffekte, Pyrotechnik, Zündanlagen, Nebelmaschinen u. v. a.
Flash Art
Detmolder Straße 629b
33699 Bielefeld
Tel.: (05 21) 92 61 10
Fax: (05 21) 9 26 11 21

Chemikalien
Kleinere Mengen an Chemikalien bekommen Sie in Apotheken. Chemikalienhändler in Ihrer Nähe finden Sie in den Gelben Seiten unter »Chemikalien«,
oder Sie versuchen es bei
Merck KGaA
Frankfurter Straße 250
64293 Darmstadt (Hausanschrift)
64271 Darmstadt (Postfach)
Tel.: ++49-61 51-72-0
Fax: ++49-61 51-72-20 00
E-Mail: service@merck.de pharma@merck.de

Trockeneis
Hersteller für Trockeneis können Sie den Gelben Seiten entnehmen oder bei der Branchenauskunft erfragen. Schlagen Sie nach unter bzw. fragen Sie nach »Kohlendioxid«. Dort bekommen Sie auch Trockeneis.
Eine mögliche Quelle sind meiner Erfahrung nach auch Molkereibetriebe. Die geben Trockeneis gelegentlich auch gratis ab, wenn es sich nur um kleinere Mengen (1–2 kg) handelt.

Danksagung

Ich bedanke mich recht herzlich bei all jenen, die bei der Entstehung dieses Buches mitgeholfen haben. Sei es direkt als Akteure oder indirekt zum Beispiel bei der Anfertigung von Requisiten. Ohne die folgenden Personen wäre das Buch in dieser Art wohl niemals zustande gekommen:

Kerstin Dotzauer, Alfred Hermann, Bernhard Hofmann, Elvira Kilger, Silvia Kilger, Hans Lankes, Hubert Marklstorfer, Hubert Neumeier, Bernhard Neumeier, Anton Obermeier, Josef Obermeier, Eduard Pfau, Bettina Prantl, Stefanie Prantl, Elfriede Rau, Susanne Roth, Maria Sachs, Rik Wödl, Roland Zieglmeier.

Reisen in die 4. Dimension

(77156)

(77149)

(77172)

(77161)

(77345)

(77150)